챗GPT 활용

AI 교육 대전환

챗GPT 활용

AI

학습자를
위한
챗GPT

류태호 지음

Generative AI × Education

교육 대전환

포르*케

챗GPT 시대에 살아남기

챗GPT의 출현으로 온통 시끌시끌하다. 경력직 사원이 작성해도 몇 시간이 걸리던 보고서를 몇 초 안에 뚝딱 만들어내고, 미국 의사 자격 시험 문제를 풀어 당당히 합격 점수를 받은 생성형 인공지능(GAI: Generative Artificial Intelligence) 프로그램 챗GPT. 심지어 인간의 고유 영역이라고 자부하던 글쓰기, 시 짓기, 작곡이나 작사 등 창작 활동까지 완벽하게 해낸다. 이제 인공지능과의 경쟁에서 살아남지 못하면 더 이상 인류가 설 자리는 없다는 절망적인 우려까지 확산되고 있다.

챗GPT 사용자 수가 연일 신기록을 세우며 기하급수적으로 증가하고 있다는 언론보도가 쏟아지는 중이다. 챗GPT를 이용한 고수익 직업의 등장 소식이나 챗GPT 활용법에 대한 정보가 소셜미디어를 통해 퍼지면서 마치 챗GPT를 잘 활용하지 못하면 문명에 뒤처져 낙오될 것 같은 분위기마저 조성되고 있다.

특히 교육 분야는 챗GPT의 등장으로 교육의 근본 목적 자체가 흔들릴 만큼 심각한 파문이 일고 있다. 교사와 학생의 역할, 학습의 의미, 평가와 표절, 학교와 교실 공간의 변화 등 연일 뜨거운 논쟁이 계속되고 있다. 미국 명문대학의 경영대학원과 법학대학원 수업에서는 교수들조차 챗GPT가 작성한 에세이를 읽고 사람이 아닌 인공지능이 작성했다는 사실을 인지하지 못해 높은 점수를 주는 상황이 발생했다. 그러자 정부나 교육기관에서는 챗GPT를 악용한 부정행위를 방지하는 방법 모색에 나서고 있는 실정이다.

하지만 사실 인공지능에 의해 전 세계가 들썩였던 건 처음이 아니다. 1997년 5월, IBM이 개발한 체스 전용 인공지능 프로그램인 딥 블루(Deep Blue)가 체스 세계 챔피언 게리 카스파로프를 이겼다. 자연어 형식으로 된 질문에 답할 수 있게 설계된 IBM의 인공지능 프로그램 왓슨(Watson)은 2011년 2월 미국의 퀴즈 쇼 〈제퍼디!(Jeopardy!)〉에 출연했다. 그때 역대 최대 상금 우승자 브래드 러터와 최장기간 우승자 켄 제닝스를 상대로 승리하는 기록을 세우기도 했다. 이 당시에도 인간의 지능을 훨씬 뛰어넘는 인공지능의 등장에 걱정의 목소리가 컸다.

특히 2016년 3월 구글이 개발한 알파고(AlphaGo)가 체스에 비해 게임 방식이 훨씬 복잡해 난공불락(難攻不落)의 영역으로 불리던 바둑에서 세계 챔피언 이세돌을 상대로 4대1 완승을 거두는 사건이 일어났다. 그러자 운동 능력뿐만 아니라 지능까지 월등한 인공지능 로봇들이 인류를 지배하는 세상이 도래할지 모른다는 암울한 전망마저 팽배해졌다.

그런데 챗GPT를 자세히 들여다보면, 기존의 인공지능 프로그램과는 명확한 차이를 발견할 수 있다. 딥 블루나 왓슨, 알파고 등은 체스, 퀴즈 풀이, 바둑 등 특정 분야에서 인간보다 뛰어난 성능을 발휘하는 인공지능 프로그램을 개발하는 것이 주된 목적이었다. 하지만 챗GPT는 인간의 질문에 인간이 원하는 답변을 잘하기 위해서 만들어졌다. 다시 말해, 챗GPT를 사용하는 사람들의 요구에 맞게 필요한 정보를 제공하는 것이 챗GPT의 개발 목적인 것이다.

이는 챗GPT의 개발 과정을 보면 더욱 명확해진다. 챗

GPT는 인간 피드백 기반 강화학습(RLHF)이란 방식에 근간을 두고 개발됐다. 인간 피드백 기반 강화학습이라는 말 그대로 주어진 질문에 인공지능이 답을 할 때마다 실제 사람이 직접 답변을 검토하여 질문자의 요구에 부합하는 답변들을 제공할 수 있게 피드백을 제공하는 방식이다. 챗GPT 역시 인간 피드백 기반 강화학습을 통해 답변 성능을 강화했다. 즉, 챗 GPT는 어떤 질문에 어떻게 답변을 해야 인간이 만족하는지 통계적으로 파악하며 학습한 서비스를 제공하는 개인 맞춤 형 인공지능 프로그램이다. 따라서 챗GPT를 가장 잘 활용하는 방법은 챗GPT가 좋아할 만한 질문을 하는 것이 아니다. 내가 궁금하고 원하는 내용을 내 말투로 질문하는 과정을 반복함으로써 챗GPT가 나를 이해하고 나에게 가장 잘 맞는 답변들을 제시하도록 학습시키는 것이다.

게다가 개인 맞춤형 서비스를 제공하는 인공지능 프로그램으로의 개발 방향 전환은 비단 챗GPT에만 국한되지 않는다. 명령어에 따라 그림을 그려 주는 달리(DALL-E2), 챗 GPT처럼 사용자의 질문에 답변을 제공하는 구글 바드(Bard), 30초 안에 자동으로 웹사이트를 구축해 주는 듀러블(Durable), 입력한 내용에 맞춰 즉석에서 애니메이션을 제작해 주는 카이버(Kaiber) 등 최근 주목받고 있는 모든 생성형 인공지능 프로그램들의 핵심은 바로 개별 사용자의 요구에 맞춘 서비스를 제공할 목적으로 만들어졌다는 것이다. 더욱 중요한 건 앞으로 출시될 생성형 인공지능 프로그램들은 하나의 프로그램으로 모든 사람에게 동일한 서비스를 제공하지 않을 것이라는 점이다. 개인 비서, 개인 과외선생님처럼 각 개인마다 개별적이며 독창적인 서비스를 제공하는 방향으로 개발될 것이다.

자, 그럼 개개인이 중시되고 개인 맞춤형 서비스가 제공되는 생성형 인공지능 챗GPT 시대에서 살아남기 위해서 우리는 어떻게 해야 할까? 바로 내가 나를 가장 잘 알고 내가 잘하고 좋아하는 일을 선택하고 집중할 수 있어야 한다. 이 책에서는 챗GPT 시대에 살아남는 수준을 넘어 성공하는 삶을 살기 위해 인공지능을 학습과 교육에 100% 활용하는 방법에 대해 이야기하려고 한다. 독자들이 이 책을 통해 챗GPT 시대를 넘어 앞으로 다가올 대변혁의 시대를 헤쳐 나갈 수 있는 자신만의 교육 전략을 찾길 바란다.

차례

1장

챗GPT 시대가
불러온 변화

챗GPT,
온 세상을 뒤흔들다

챗GPT와 같은 생성형 인공지능 프로그램들의 등장에 대한 파장이 여러 분야로 확산되는 추세다. 광고 분야에서는 광고 카피를 창작하거나 광고 디자인 시안을 제작하는 데 활용되고 웹툰과 같은 콘텐츠 분야에서는 신규 캐릭터 개발과 함께 스토리 라인 작성에도 사용되고 있다. 의료 분야에서는 환자의 검사 결과를 기존에 축적된 데이터와 비교해 정확도 높은 진단을 내리기 위해 이용되고 있으며 프로그래밍 분야에서는 챗GPT를 통해 코드 작성 및 오류 수정 등 코딩 전반에 걸쳐 효율성을 향상시키고 있다. 주식 분야에서는 목표 수익률과 투자 기간을 예산 규모와 함께 입력하면 최근 주식시장 추이와 기업별 현황 데이터를 분석한 결과를 토대로 투자 기간 내 목표 수익률을 달성하기 위한 주식투자 포트폴리오까지 작성해 준다.

법률 분야에서는 자신의 소송 케이스를 입력하면 인공지능 프로그램이 소송장을 대신 작성해 줄 뿐만 아니라 참고할 만한 판례까지 찾아 상세히 설명해 준다. 특히 소상공인들의 경우, 온라인 매장을 열기 위한 온라인 상거래용 홈페이지도 뚝딱 만들어 주고 있으며 보다 많은 고객이 방문할 수 있도록 지원하며 음성이나 문자 기반 고객 서비스까지 제공하고 있다. 일반 업무 분야에서는 긴 보고서나 PDF 자료의 핵심 내용만 정리해 요약보고서를 작성해 주며 엑셀이나 워드 프로세서를 활용해 작성하던 기존 문서 업무에 효율성을 더해 줌으로써 손쉽게 다양한 양식의 문서를 만들 수 있도록 돕고 있다.

물론, 챗GPT와 같은 생성형 인공지능 프로그램들이 불러온 변화에 대한 우려의 목소리도 함께 제기됐다. 회사나 국가의 기밀 자료들이 챗GPT 서버에 유입돼 유출되고 부적절하게 악용될 수 있다는 것이다. 이를 방지하기 위해 일부 주요 국가와 글로벌 기업들은 이미 챗GPT의 사용을 금지하거나 업무지원을 위한 생성형 인공지능 프로그램을 자체적으로 개발해 직원들에게 제공하고 있다. 교육기관에서는 학생들이 챗GPT를 활용해 부정행위를 할 수 있는 가능성이 크다는 우려로 챗GPT 서버 접근을 막거나 챗GPT를 이용해 작성한 보고서들을 선별하기 위한 기술을 개발하는 중이다.

이번 장에서는 챗GPT와 같은 생성형 인공지능 프로그램의 특징과 종류에 대해 살펴보고 인공지능의 발달 과정을 되짚어 본 후 이런 생성형 인공지능 프로그램들을 효과적으로 사용하기 위한 활용 원칙들에 대해 알아보고자 한다.

챗GPT란 대체 무엇일까?

챗GPT는 'Chat Generative Pre-trained Transformer'의 약자로 한국말로는 '사전 훈련된 변환기를 장착한 생성형 인공지능 챗봇'이라고 부를 수 있다. 여기서 생성형(Generative)이라는 뜻은 단순히 데이터베이스 중에서 검색한 결과만 제시하는 것이 아니라 질문에 대해 가장 적합한 답을 문장으로 작성해 마치 사람이 직접 응답하는 것 같이 답을 만들어 낼 수 있다는 의미이다. 이것이 챗GPT가 기존의 인공지능 프로그램들과 차별화되는 이유이다.

챗GPT가 상용화되기에 앞서 데이터를 학습하는 사전훈련(Pre-trained)은 여러 단계의 과정을 거치게 된다. 첫 번째로 사용되는 방식인 대규모 언어 모델(LLM: Large Language Model)은 인터넷이나 서적, 자료 등 방대한 분량의 데이터를 학습시켜 사람이 말하는 스타일로 문장을 작성하도록 훈련시키는 것이다. 다음으로는 인간의 피드백을 기반으로 한 강화학습(RLHF: Reinforcement Learning From Human Feedback)을 진행한다. 인간 피드백 기반 강화학습이란, 주어진 질문에 챗GPT가 답을 할 때마다 개발진들이 직접 피드백을 제공하는 방식이다. 이 방식을 통해 확률적으로 질문자의 의도에 가장 적합한 답을 제시할 수 있도록 훈련시킴으로써 질문에 대한 답변의 정확도를 향상시킨다.

또한 SFT(Supervised Fine-Tuning) 과정을 통해 개발진들이 특정 질문에 대한 모범 답안에 맞는 고품질 데이터만 학습하게 함으로써 무분별한 데이터 속에서 신뢰할 수 없는 답변을 제시할 확률을 낮추는 작업을 진행했다. 다음으로는 보상 모델(Reward Model) 과정을 거치면서 SFT 과정 중 챗GPT가 개발진들이 정해 놓은 모범 답안에 가까운 답을 제시할 때마다 가중치를 주는 방식으로 질문자가 만족할 확률이 높은 답을 제시할 수 있도록 훈련했다. 마지막으로 PPO(Proximal Policy Optimization) 과정에서는 실제로 챗GPT를 실행시켜 정상적인 문답 과정을 진행하며 상위권의 보상을 받은 답변들에 우선순위를 부여한다. 질문자의 만족도가 높은 답변을 우선적으로 제시할 수 있도록 알고리즘을 향상시키기 위해 필요한 작업이다.

챗GPT 사전훈련(Pre-trained) 과정도

위 단계를 반복하며 질문자가 가장 만족할 만한 답변을 제대로 된 문장으로 완성하여 표현하는 훈련을 진행한다. 이 과정을 통해 2022년 11월 30일에 출시된 상용화 버전의 GPT-3.5를 직접 사용해 본 전 세계 사람들은 그 정교함과 정확성에 놀라움을 감추지 못했다. 특히 교육 분야에서는 긴 보고서를 요약할 뿐만 아니라 기존 데이터를 이용한 신규 보고서나 발표 자료도 뚝딱 만들어 내는 우수한 성능 때문에 학생들이 스스로 학습하기보다는 챗GPT에 의존하게 될 것이라는 전망까지 등장했다. 챗GPT 때문에 수많은 일자리가 사라질 것이라는 예측이 나오면서 인류의 위기설도 제기되기 시작했다.

하지만, 이런 우려는 사실 챗GPT에 대해 제대로 이해를 하고 나면 기우(杞憂)에 불과하다는 것을 알 수 있다. 우선, 챗GPT를 개발한 오픈AI(OpenAI)는 "지구상의 많은 사람들이 인공지능을 활용할 수 있게 함으로써 특정 단체나 개인이 인공지능의 수퍼 파워를 독점해 인류 전체에 위협을 가하는 일을 막을 수 있다."라는 취지로 설립된 비영리 연구소이다. 이런 취지를 살리고자 오픈AI는 누구나 손쉽게 자신의 플랫폼에 생성형 인공지능 서비스를 제공할 수 있도록 챗GPT의 개발 소스와 API(Application Programming Interface)를 공개해 무료로 제공해 왔다.

예를 들어, 식물도감 정보를 제공하는 앱에 챗GPT API를 적용하면 식물에 특화된 질문들을 올렸을 때 식물별 특성 및 재배 방법 등을 알려 주는 서비스를 제공할 수 있다. 또한, 수학 학습 앱에 챗GPT API를 적용하면 학생들이 수학을 공부하는 동안 모르는 부분을 물었을 때 관련 지식을 완전히 학습할 수 있을 때까지 자세히 알려 주는 개인 강습 서비스도 가능하다. 여행 예약 사이트에 챗GPT API를 적용해서 고객이 원하는 일정과 여행지, 예산 및 여행자 수 등을 입력하면 추천 여행 일정과 함께 호텔, 렌트카, 항공권, 테마파크 입장권 예약까지 다 해 주는 개인 맞춤형 여행플래너 서비스 제공도 가능하다. 워드 프로세서에 챗GPT API를 적용하면 법을 잘 모르는 일반인들도 법률 서류를 작성하거나 이미 작성된 법률 서류에서 미비한 부분을 찾아내 보강할 수 있게 된다. 게다가 엑셀 프로그램에 챗GPT API를 적용하면 수식 관련된 엑셀 명령어를 몰라도 원하는 대로 계산식이 포함된 테이블을 만들거나 그래프를 그리는 것도 가능하다.

물론 2015년 12월 오픈AI가 비영리 연구소로 처음 문을 연 이후, 2019년에 영리를 추구하는 상업회사로 전환되며 운영 방식이 변화했다. 특히 IBM이 대주주로 등극하면서 2023년 챗GPT-4의 출시에 맞춰 수익 창출을 위해 유료 구독제를 시작하는 등 공격적인 마케팅을 하고 있는 건 사실이다. 하지만, 지금까지 오픈AI가 공개한 개발 소스나 API만으로도 생성형 인공지능 프로그램 분야에 대한 진입장벽을 현저히 낮췄다. 수많은 테크(Tech) 회사들이 각자의 특성에 맞는 다양한 종류의 서비스를 출시할 수 있는 기반을 마련하는 데 오픈AI가 기여했음을 인정할 수밖에 없는 이유다.

몇 가지 사례를 보면, 도라 AI(Dora AI)는 간단한 명령어를 입력해 원하는 웹사이트를 몇 분 안에 만들어 주며 테틱 AI

키츠(Tactiq AI Meeting Kits)는 회의 중 중요 포인트들을 따로 정리해서 제공한다. 캐릭터 AI(Character AI)를 이용하면 간단한 설명만 입력해 원하는 캐릭터를 새로 만드는 것이 가능하며 코드메이트 AI(CodeMate AI)는 프로그램 개발 코드에서 발생한 오류를 찾아 수정해 주며 보다 효율적인 코드로 전환해 준다. 마이핏 AI(Myfit-AI)는 개인별로 목표에 맞는 운동 계획과 식단을 제공해 주며 픽셀라이드 이미지 AI(Pixelied Image AI)는 몇 가지 간단한 설명만 입력하면 원하는 이미지나 로고, 아이콘 등을 수초 내에 생성해 주는 역할을 한다. 한편, 텍스트 투 뮤직 AI(Text to Music AI) 작곡 모델은 원하는 음악을 설명하면 음악 샘플 파일을 만들어 주며 AI 시 제너레이터(AI Poem Generator) 기술을 활용하면 적절한 키워드와 설명을 적으면 그에 맞는 시를 작성해 준다.

이렇게 챗GPT는 생성형 인공지능 프로그램의 선구자적인 상징성을 갖고 있을 뿐만 아니라 여러 후발 주자들이 함께 개발에 뛰어들어 다양한 생성형 인공지능 프로그램을 만들어 갈 수 있는 생태계를 제공했다.

또한, 앞에서 살펴본 생성형 인공지능 프로그램들의 사례에서 알 수 있듯이 생성형 인공지능 프로그램들은 업무의 효율성을 향상시키기 위한 보조 도구로 개발됐다. 따라서 챗

GPT와 같은 생성형 인공지능 프로그램의 등장 때문에 우리의 일자리를 잃거나 학습 능력이 저하되는 것을 걱정하기보다는 이런 도구들을 잘 활용함으로써 보다 효율적인 업무 수행과 학습을 진행할 수 있도록 하는 것이 더 중요하다.

기계가 아닌, 일상의 파트너
인공지능(AI)

인공지능(Artificial Intelligence)에 대해 이야기할 때 반드시 빠지지 않고 등장하는 인물이 있다. 바로 영국의 컴퓨터 공학자이자 수학자였던 앨런 튜링(Alan Turing) 박사다. 튜링 박사가 케임브리지 대학의 킹스 칼리지 재학 중이던 1936년에 발표한 〈계산 가능한 수에 관하여, 결정문제에 대한 활용을 중심으로(On Computable Numbers, with an Application to the Entscheidungsproblem)〉이라는 논문에서 고안한 튜링 기계(Turing Machine)가 컴퓨터와 인공지능 개발의 초석을 다졌기 때문이다. 튜링 기계라는 개념을 통해 컴퓨터의 작동 방식을 설명한다. 아무리 어렵고 복잡한 작업도 작게 쪼개고 쪼개면 매우 간단한 계산 장치만으로도 쉽게 처리할 수 있다는 것이다. 즉, 현대 컴퓨터와 인공지능 프로그램에서 0과 1을 이용한 연산만으로도 수많은 복잡하고 다양한 작업들이 가능하게 한 이론적 배경을 제시했다.

그런데 튜링 박사가 평생 숙원 사업으로 이루려고 했던 인공지능 개발의 배경에는 어린 시절 함께 수학 문제를 풀다 결핵으로 안타깝게 숨진 친구에 대한 그리움이 고스란히 담겨 있었다. 인간의 지능을 컴퓨터와 같은 기계장치에 보관할 수 있다면 그 사람의 사후(死後)에도 기계에 저장해 둔 지능을 활용할 수 있다는 착안에서 시작된 것이다. 물론, 그 당시에는 기술의 한계 때문에 실현이 불가능했지만 튜링 박사가 꿈꾸던 인간처럼 말하고 인간처럼 행동하는 인공지능의 시대는 챗GPT를 비롯한 생성형 인공지능 프로그램들의 등장에 힘입어 우리 곁으로 성큼 다가왔다.

특히 컴퓨터의 두뇌 역할을 담당하던 중앙처리장치(CPU: Central Processing Unit)보다 그래픽 정보만을 담당하던 그래픽처리장치(GPU: Graphics Processing Unit)가 쉽고 단순한 작업을 병렬적으로 대량 처리하는 데는 훨씬 빠른 성능을 발휘한다는 것을 발견한 이후 인공지능과 머신러닝(Machine Learning)의 개발 속도가 기하급수적으로 빨라졌다. 예를 들어, 개와 고양이를 구분할 수 있도록 개와 고양이가 나타난 다양한 사진을 수백, 수만 번 반복해서 보여 주면 그에 대한 정보를 인공지능이 스스로 학습할 수 있다. 이 훈련 과정도 그래픽처리장치를 이용해 학습 속도를 향상시킬 수 있었다.

그렇다면 미래의 인공지능 개발 방향은 어떻게 될까? 앞으로 사용하게 될 인공지능은 영화 〈스타워즈〉의 인공지능 로봇 R2D2와 같이 우리와 24시간, 모든 순간을 함께 할 수 있다. 이용자에 관한 모든 정보를 저장하고 분석한 결과를 토대로 우리에게 가장 유리한 방향으로 의사결정을 할 수 있도록 돕는 역할을 하게 될 것이다.

예를 들어, 체온이 정상적인 수준보다 높으면 나에게 가장 효과가 빠른 해열제를 자동으로 주문하고 소개팅 나갈 때면 만남 장소의 실내 디자인과 당일 날씨 등의 정보를 분석해 내 얼굴색과 체형에 가장 잘 맞는 옷을 추천할 수도 있다. 신체 리듬을 지속적으로 측정해 우울한 기분이 들 때 자주 듣던 노래를 알아서 들려주기도 하고 꼭 가고 싶던 콘서트 티켓이 판매를 시작하면 가장 먼저 구매해 주기도 한다. 누구보다도 나를 가장 잘 알고 이해하는, 제일 친한 친구 같은 개인 맞춤형 인공지능 로봇인 셈이다.

학습에서도 마찬가지다. 내가 잘 이해하는 부분과 이해하지 못하는 부분을 구분하고 잘 이해하지 못하는 부분에 집중해서 완전학습을 할 수 있도록 다양한 방법으로 몇 번이고 알 때까지 다시 설명해 준다. 예를 들자면 나의 주요 관심 분야에 대한 정보를 파악해 인터넷이나 디지털 서적 등 데이터를 검색하고 분석한 결과를 제시하는 것이다. 이를 통해 관심 분야에 대한 흥미를 유지하고 전문성을 강화할 수 있도록 돕는다. 일하고 싶은 분야에서 요구하는 기술이나 지식, 핵심 역량 등을 분석해 어떤 부분을 더 보강해야 하는지 학습계획을 세워주고 실행할 수 있도록 마라톤 경기의 페이스메이커(Pacemaker)와 같은 역할도 해 준다.

미래의 개인 맞춤형 인공지능 로봇이 우리와 똑같은 사람의 모습으로 만들어질지, 영화 〈스타워즈〉의 R2D2처럼 로봇의 모습으로 만들어질지는 아직 미지수다. 혹은 사람 모습과 로봇 모습이라는 2가지 옵션 중 우리가 선택할 수 있을지도 모른다. 하지만, 인공지능 로봇이 어떤 모습이든 상관없이 함께 하는 시간 동안 로봇과 정서적 공감대를 형성하게 된다. 때문에 개인 맞춤형 인공지능 로봇의 시대에 가장 중요한 건 자신을 가장 잘 알고 스스로에 대한 자아정체성과 자존감이 명확하게 정립돼야 한다는 것이다.

챗GPT가 할 수 있는 것과
할 수 없는 것

챗GPT와 같은 생성형 인공지능 프로그램들이 할 수 있는 일은 아주 많다. 앞에서 기술했듯이 간단한 설명만 입력하면 긴 보고서도 요약해 주고, 그림도 그려 주며, 새로운 캐릭터를 만들어 주고 이미지나 동영상을 편집해 주며 음악이나 소설, 시 등도 창작할 수 있다. 또한, 고객의 이메일 문의에 사람 상담사처럼 응답할 수 있으며 어려운 시험 문제들도 척척 풀어 낼 수 있다. 신문기사를 작성하거나 법원에 제출할 소송서류를 작성할 수 있으며 특정 학년이나 레벨에 맞춘 강의계획서도 뚝딱 작성할 수 있다. 프로그램 코드도 간단한 설명만 입력하면 기존의 코드의 문제점을 알아채거나 효율적인 코드로 다시 짜는 것도 가능하다.

워드 프로세서나 엑셀, 포토샵과 같은 프로그램에서 사용하는 전문 명령어나 편집 기능을 몰라도 괜찮다. 필요한 바를 말로 설명해서 입력하면 바로 원하는 결과물을 제공해 줄 수 있다. 신규 사업을 시작하기 위해 어떤 기능의 홈페이지가 필요할 때 몇 분 안에 홈페이지도 만들어 주고 시장 분석이나 고객의 유입을 증가하기 위한 전략도 수행해 줄 수 있다. 혼자 여행을 떠나고 싶을 때 내 마음에 쏙 드는 여행 계획을 세워 티켓 구매까지 완료해 주며 한 달 안에 5kg을 감량하기 위한 다이어트 식단표도 짜 주고 요리 방법까지 상세히 제시해 준다.

학교 수업에서 이해가 안 가는 부분에 대해 물어보면 몇 번이고 다양한 방법을 이용해 내가 이해할 수 있을 때까지 설명해 준다. 발표 주제, 발표자 수준이나 학년, 발표 시간 등의 정보를 입력하면 파워포인트를 이용해 발표 자료까지 만들어 줄 수 있다. 내가 좋아하고 잘하는 일, 주요 관심 분야에 대해 입력하면 나에게 가장 잘 맞을 전공에 대한 설명과 함께 무엇을 준비하면 좋을지 추천해 줄 수 있다. 더 나아가 내 성적으로 갈 수 있는 대학이나 전공 등에 대한 리스트를 작성해 줄 수도 있다.

이렇게 챗GPT와 같은 생성형 인공지능 프로그램이 할 수 있는 일들은 무궁무진하며 앞으로 더욱 많은 일을 수행하며 우리 일상 속에서 활약하게 될 것이다. 그럼에도 불구하고 챗GPT와 여러 생성형 인공지능 프로그램이 할 수 없는 일이 있다. 다재다능한 인공지능 프로그램도 할 수 없는 일들은 대체 어떤 것들일까?

첫째, 명령어가 입력되지 않으면 어떤 업무도 수행하지 못한다. 다시 말해, 사람이 무엇을 원하는지에 대해 입력하지 않는다면 생성형 인공지능 프로그램들이 스스로 알아서 업무를 수행하지 않는다는 것이다. 생성형 인공지능 프로그램들은 이용자의 질문 스타일, 패턴, 말투나 기대 수준 등을 분석해서 이용자가 가장 만족하고 좋아할 만한 답변을 하거나 업무 수행 결과를 제시하도록 개발되었다는 점이 매우 중요하다. 따라서, 생성형 인공지능 프로그램을 이용할 때는 가장 나다운 말투로 원하는 바를 입력함으로써 생성형 인공지능 프로그램들이 내 스타일에 대해 잘 파악하고 내 마음에 쏙 드는 답변을 할 수 있도록 학습하는 과정이 필요하다.

둘째, 이용자의 질문에 답할 때 사전 훈련 과정에서 사용된 데이터를 벗어난 정보를 활용하지 못한다. 챗GPT의 경우, 2021년 9월까지의 데이터만 이용해 사전 훈련을 시켰기 때문에 그 이후에 새로 나온 정보에 대해서는 모른다고 하거나 잘못된 정보를 제공할 수 있다. 예를 들어, 2021년 10월에 문을 연 회사에 대한 정보를 알려 달라고 입력하면 챗GPT는 그런 회사는 없다는 답변을 하거나 기존의 다른 정보를 활용해 그럴듯하지만 잘못된 정보를 제공하려고 시도할 수 있다.

셋째, 제공하는 정보가 잘못됐거나 허위임을 인식하지 못할 수 있다. 소위 '할루시네이션(Hallucination)'이라고 불리는 현상으로 간혹 정보의 진위 여부에 상관없이 질문자가 만족할 확률이 높은 답안을 작성해서 제시하는 경향을 보인다. 특히 생성형 인공지능 프로그램은 자신이 거짓 정보를 제공할 경우 발생할 문제들에 대한 윤리 의식은 학습되지 않았다. 그렇기 때문에 여러 정보를 짜깁기해 거짓 정보를 그럴싸하게 사실인 양 제공할 수 있다. 따라서 챗GPT를 비롯하여 모든 생성형 인공지능 프로그램이 제시하는 정보를 맹목적으로 신뢰하기보다는 항상 인공지능이 제공하는 정보의 사실 여부를 검증하는 습관을 가지는 것이 중요하다.

넷째, 편향된 정보를 제공하거나 부적절한 내용을 답변에 포함시킬 수 있다. 챗GPT를 사전 훈련하는 과정에서 사용된 데이터에 따라 편향된 정보를 제공할 수 있다는 것이다. 예를 들어, 백인 남성 위주의 개발자들이 백인 우월주의를 기반으로 구축된 데이터를 토대로 챗GPT의 사전 훈련을 진행한다면 챗GPT가 제공하는 답변에 백인이나 남성이 타 인종이나 여성보다 우월하다는 내용이 포함될 수 있다. 따라서 챗GPT와 같은 생성형 인공지능 프로그램은 서비스 출시 이후에도 지속적으로 모니터링하며 편향된 정보나 부적절한 내용을 삭제해 가는 작업을 계속해야 한다.

다섯째, 언어로 표현되지 않은 웹사이트 링크와 같은 정보는 인식할 수 없다. 앞에서 설명했듯이, 챗GPT는 대규모 언어모델을 기반으로 개발됐기 때문에 문자 기반의 정보를 분석하고 문자 기반의 답변을 제공하는 프로그램이다. 예를 들어, 특정 PDF 파일을 다운받을 수 있는 링크를 입력하고 PDF 파일의 주요 내용을 한 페이지로 요약해 달라고 입력한다면 챗GPT는 링크를 통해 PDF 파일을 다운받을 수 없기 때문에 아무런 답변도 할 수 없다.

마지막으로, 질문자의 상황을 유추하거나 분석한 답변은 제공하지 못한다. 예를 들어, '한 회사에서 제품을 n개 생산하는 데 드는 비용이 7n+350원이고, 제품당 가격이 12원이라면 몇 개 이상의 제품을 판매해야 이익이 나는가?'라는 문제를 챗GPT에 물어본다고 가정해 보자. 이 경우에서 수입=12n, 비용=7n+350이다. 그러면 챗GPT는 수입이 비용을 초과하는 경우를 계산하기 위해 12n>7n+350의 계산식을 도출하여 n이 70개 이상일 때 수익이 발행한다는 답변을 제시할 것이다. 만약 챗GPT가 내놓은 문제 풀이 과정이 잘 이해되지 않는다면 챗GPT에게 답변 내용이 이해가 되지 않는다고 다시 물어볼 수 있다. 그러면 챗GPT는 학생이 이해할 수 있을 때까지 다양한 방법으로 몇 번이고 다시 설명한다. 여기서 학생이 이해되지 않는 부분이 '왜 수입이 $12n$ 원인가'에 대한 부분이라면, 그걸 구체적으로 언급하며 따로 묻지 않는 한 챗GPT는 전체 내용에 대한 종합적인 풀이 과정에 대한 설명을 계속해서 되풀이할 뿐이다. 따라서, 챗GPT는 주어진 질문에 대해서만 답변한다는 사실을 파악하고 자신이 모르는 부분에 대해서는 따로 물어봐야만 한다는 점을 알아야 한다.

챗GPT에 끌려다니지 않기 위해
지켜야 할 핵심 원칙

앞서 챗GPT의 특성에 대해 살펴보고 개인 맞춤형 인공지능 프로그램들의 개발 방향과 함께 챗GPT와 같은 생성형 인공지능 프로그램이 할 수 있는 것과 할 수 없는 것들에 대해서 알아보았다. 그렇다면 챗GPT와 같은 생성형 인공지능 프로그램들을 효과적으로 활용하기 위해서는 어떤 원칙들을 지켜야 할까?

첫째, 챗GPT와 같은 생성형 인공지능 프로그램들이 제공하는 답변들을 무조건 맹신하지 말고 참고용으로만 사용하거나 항상 재확인한다. 생성형 인공지능 프로그램들은 개발 단계에서 사전 훈련에 사용된 데이터에 기반한 정보만을 제공한다. 그러므로 잘못된 정보도 옳은 정보인 듯 그럴싸하게 말을 꾸며 제공하는 할루시네이션 현상, 인공지능 훈련 과정에서 편향된 데이터를 학습함으로써 응답자에게 편향된 정보를 제공할 가능성, 인공지능 개발 과정에서 사용된 데이터 안에서만 정보를 제공할 수 있다는 한계성을 인지하고 늘 챗GPT가 제공하는 답변의 신뢰도를 점검하는 습관을 가져야 한다.

둘째, 생성형 인공지능 프로그램에 구체적이고 정확한 요구사항이 포함된 질문을 입력해야 한다. 앞에서 설명했듯이, 챗GPT와 같은 생성형 인공지능 프로그램들은 주어진 질문이나 명령어에 대해 답하도록 개발된 프로그램이기 때문에 사람과 대화하듯 '말 안 해도 알겠지?'라는 기대해서는 안 된다. 예를 들어, 챗GPT가 설명하는 문제 풀이가 이해되지 않는다면 정확히 어떤 부분이 이해가 안 가는지에 대해 구체적이고 명확하게 설명을 해야만 원하는 답변을 얻을 수 있다.

셋째, 인공지능 프로그램의 관점에 맞춘 질문을 하는 것이 아니라 가장 나다운 말투로 내 눈높이에 맞는 질문을 해야 한다. 챗GPT와 같은 생성형 인공지능 프로그램을 사용하는 이유는 사용자가 필요한 부분에 대한 도움이나 지원을 얻고자 함이다. 어린아이가 어른의 말투로 질문을 하고 비전문가가 전문가처럼 질문을 던지면 사용자의 수준에 맞는 적절한 답변을 얻지 못한다. 즉, 챗GPT의 눈치를 보는 게 아니라 챗GPT가 사용자의 눈치를 보면서 사용자의 수준이나 스타일에 가장 잘 맞는 서비스를 제공할 수 있도록 하는 것이 가장 이상적인 챗GPT 사용법이다.

　마지막으로, 챗GPT가 만물박사라는 생각을 버리고 내게 필요한 서비스를 제공할 수 있는 인공지능 프로그램을 찾아서 원하는 정보를 요청해야 한다. 챗GPT 외에도 생성형 인공지능 프로그램마다 각자의 강점을 보유하고 있다. 그리고 앞으로 더욱 다양한 분야의 서비스를 제공하는 개인 맞춤형 생성형 인공지능 프로그램들이 출시될 것이다. 따라서, 이미지 편집, 동영상 편집, 캐릭터 개발, 광고 카피 작성, 애니메이션 제작, 법률 서류 작성, 홈페이지 제작, 고객관리시스템 개발, 보고서 작성, 논문 요약 등 원하는 업무에 따라 활용 가능한 생성형 인공지능 프로그램 리스트를 알고 사용할 줄 알아야 한다.

2장

챗GPT 시대는 과연
위기인가, 기회인가?

150년 동안 멈춰있던
공교육 시스템

1차 산업혁명을 계기로 근대 공교육이 시작된 이후 학교 교육은 읽고 쓰고 계산하는 능력을 갖춘, 산업현장에서 필요한 인력을 배출하기 위한 수단으로 전락해 왔다. 2차, 3차 산업혁명을 거치면서 학교는 기업이 요구하는 인재상의 변화에 맞춰 교육과정을 변경하는데 급급했을 뿐 정작 학습의 주인인 학생에게 교육의 소유권을 돌려주는 일에는 관심을 기울이지 않았다. 첨단 기술의 발달로 인해 마차를 타고 다니던 시대에서 전 세계가 일일 생활권으로 확장되며, 책을 봐야만 정보를 얻던 시대에서 인터넷만 연결되면 언제 어디서든 원하는 정보를 몇 초 내에 검색이 가능한 시대가 되었다. 하지만 학교만큼은 150년이 넘는 시간 동안 마치 시곗바늘이 멈춘 것처럼 변화하지 않았다.

물론 교육 분야의 혁신에 대한 노력은 계속되어 왔다. 미국, 핀란드, 호주, 캐나다 등 교육 선진국에서는 다양한 방법으로 학생중심 교육으로의 전환을 시도해 왔다. 미국에서는 2015년 오바마 행정부가 모든 학생이 성공하는 법안(ESSA: Every Student Succeeds Act)을 제정해 각 주(State)나 교육구(School District)가 자율권을 갖고 역량중심교육을 적용할 수 있는 기틀을 마련했다. 핀란드의 경우에는 현상기반학습(Phenomenon-Based Learning)을 통해 학생중심 교육을 추진했다. 한국에서도 2015 개정 교육안을 통해 학생중심 역량기반 교육으로의 전환을 위한 밑그림을 그려왔다.

하지만 혁신이란 묵은 풍속, 관습, 조직, 방법 따위를 완전히 바꿔서 새롭게 하는 것이다. 기존의 틀을 유지한 채 껍데기만 바꿔서는 혁신이라 할 수가 없다. 더군다나 지금 우리가 해야만 하는 교육혁신은 그동안 너무 당연하게 여기던 비정상적인 상황을 정상적인 상태로 바꿔야하는 과정이기 때문에 기존의 틀을 과감히 부술 준비를 제대로 해야 한다. 특히 기술과 지식만이 아니라 개인의 핵심역량을 계발할 수 있는 역량중심 교육과정의 개발이 시급한 상황이다.

그래도 희망적인 건 우리에게 교육개혁을 위한 세 번의 외부적 충격이 주어졌다는 것이다. 바로 4차 산업혁명의 도래, 코로나19의 출현, 챗GPT의 등장이다. 멈춰져 있던 바퀴가 굴릴 때 끌어 주거나 밀어 주는 외재적 힘이 큰 도움이 되듯이 이런 외부적 충격은 우리 교육개혁을 위한 항해에 순풍을 불어 주는 역할을 한다. 따라서, 이번 장에서는 4차 산업혁명, 코로나19, 챗GPT가 가져온 교육의 변화에 대해 논의하고자 한다. 더불어 챗GPT의 도래로 인해 드러난 교육의 본질과 현주소를 살펴보고 앞으로 추구해야 할 교육의 미래에 대해 논의해 보고자 한다.

교육의 본질에 대하여

교육의 본질에 대해 파악하기 위해서는 교육의 어원을 살펴보면 도움이 된다. 우선 교육은 영어로 Education이라고 하는데 이 말은 'Educare'라는 라틴어에서 유래했다. Educare는 'e'와 'ducare'로 분리되는데 'e'는 '밖으로'라는 의미이고, 'ducare'는 '끄집어내다'라는 뜻이다. 즉, 영어에서의 교육은 외부의 지식을 집어넣는 과정이 아니라 학생 속에 있는 것들을 발현할 수 있도록 끄집어내는 과정이라는 의미이다.

이는 동양 문화권에서도 비슷한 양상을 보인다. 교육(教育)이라는 한자어는 회초리를 들고 아이가 배우게 한다는 '가르칠 교(教)'와 아이를 엄마의 품 안에서 기르고 성장시킨다는 '기를 육(育)'의 합성어로 구성되어 있다. 다시 말해 동양 문화권에서도 교육은 단순히 외부의 지식을 머릿속에 밀어 넣는 것만이 아니라 학생들 스스로 생각하고 본래 가진 속성이나 능력들을 끄집어낼 수 있도록 길러내는 과정을 함께 의미했던 것이다.

역사적으로 18세기 이전의 교육은 인성교육, 인문학, 미학(Aesthetics), 수사학, 음악, 체육 위주의 수업이 이뤄졌다. 과목명들만 봐도 외부의 지식을 집어넣기보다는 본래 인간이 가지고 있는 핵심역량들을 이끌어내는 교육이 이뤄졌음을 알 수 있다.

학습성취에 대한 평가도 오늘날과 달랐다. 지금은 주어진 시간 동안 얼마나 많은 객관식 문제를 맞추는가를 기준으로 삼아 A~F 학점을 부여하고, 학생의 수준을 고려하지 않은 채 수업의 진도를 나가고 있다. 하지만 18세기 이전에는 3-5인으로 구성된 평가위원회에서 평가위원들이 내는 질문에 자신이 아는 만큼 구술하는 방식으로 진행되었다. 이 평가 방식에서는 학생이 수업 내용을 완전히 이해하지 못했다고 판단되면 해당 학생이 내용을 안다는 것을 증명할 때까지 같은 수업을 다시 수강해야 했다.

물론, 그때까지만 해도 교육은 권력가나 부유층의 자녀만 받을 수는 전유물이었기 때문에 지금처럼 모두가 교육을 받는 것은 상상조차 못 할 때였다. 농업 중심 사회에서 아이들은 노동력의 주요한 부분을 차지했기 때문에 대부분의 어린이와 청소년들은 나이와 성별에 상관없이 교육보다는 노동에 치중하는 삶을 살았다. 가정환경, 신분을 비롯하여 사회적 배경에 상관없이 모든 학생들에게 균등한 교육의 기회를 제공하기 시작했다는 점에서 근대 공교육의 공적은 인정할 만하다. 하지만 근대 공교육의 본질적인 설립 목적은 양질의 노동력을 산업현장에 대량 공급하는 것이었다. 150년이 지난 오늘날까지 '학생'이 아닌 '노동자'를 양성하는 근대 공교육 체제를 유지하는 바람에 진정한 교육의 본질을 잃는 심각한 문제에 다다르게 되었다.

우리에게 익숙한 학교 교육은 19세기 근대 공교육이 도입되면서부터 시작됐다. 18세기 중반에 시작된 1차 산업혁명의 영향으로 공장에서 증기기관이 사용되면서 생산성이 크게 향상되었고 이에 따라 공장에서 일할 우수한 노동력을 안정적으로 공급해야 했다. 따라서 교사 한 사람이 교실에서 최대한 많은 학생들에게 동일한 지식을 전달하는 방식의 매스 에듀케이션(Mass Education)이라는 개념이 등장했다. 매스 에듀케이션 시스템에서는 개별 학생들의 수업에 대한 이해도를 파악해 모든 학생이 완전학습을 할 수 있게 하기보다는 평균 수준까지 학습시켜 양질의 노동력을 대량 배출하는 것이 교육의 목표였다. 그래서 교사의 집중 관리를 받을 수 있는 학생은 소수의 최상위권 학생들에 국한될 수밖에 없었다.

극도의 효율성을 추구하는 매스 에듀케이션 시스템에서
는 개별 학생들의 관심이나 흥미, 역량이나 능력에 상관없이
같은 나이의 학생들을 같은 학년으로 반을 편성해 수업을 진
행했다. 수업을 따라가지 못해 낙오되는 학생들보다는 상위
권 학생들에 집중하는 것이 효율적이라는 분위기가 팽배했
다. 결국 효율성이라는 굴레에 갇혀 교육의 본질을 되찾기
위한 노력은 배제한 채 눈 가리고 아웅하는 식의 임시방편적
이고 형식적인 변화만 반복해 왔다.

4차 산업혁명과 교육의 변화

2016년 1월 스위스 다보스에서 열린 세계경제포럼(WEF: World Economic Forum)에서 4차 산업혁명 시대의 도래가 선포되면서 함께 발표된 〈일자리의 미래(The Future of Jobs)〉 보고서는 전 세계 사람들을 충격과 공포에 빠지게 했다. 그 보고서 안에는 2020년까지 주요 선진국과 아세안 국가에서만 710만 개의 일자리가 사라질 것이라는 내용이 담겨 있었다. 충격적인 전망에 사람들은 너나 할 것 없이 자신의 일자리를 걱정하기 시작했다.

또한, 2020년까지 로봇공학, 빅데이터, 바이오, 3D 프린팅과 같은 분야에서 200만 개의 일자리가 증가하고 2016년에 초등학교에 입학한 아이들의 65%는 현재 존재하지 않는, 완전히 새로운 일자리에서 일하게 될 것이라는 예측이 나왔다. 미래 사회에 대한 전망이 나오면서 인공지능에 대체되지 않고 4차 산업혁명 시대를 주도할 인재 양성을 위한 대책 마련에 각국이 분주하게 움직이기 시작했다.

그러나 4차 산업혁명 시대가 선포된 이후, 8년이란 시간이 흐르는 동안 당장 피부에 와닿는 변화가 보이지 않자 처음과 달리 사람들의 마음속에서는 점차 4차 산업혁명 시대에 대한 위기감이 줄어들었다. 〈일자리의 미래〉 보고서에 3차 산업혁명 시대와 달리 4차 산업혁명 시대에서 요구되는 인재상에 대해 명확히 언급되어 있음에도 불구하고 현실은 암기 및 입시 위주의 주입식 교육에서 벗어나지 못하고 있는 형국이 계속됐다.

세계경제포럼이 〈일자리의 미래〉 보고서를 통해 발표한 4차 산업혁명 시대의 인재에게 중요한 10대 핵심역량(Core Competencies)은 복합문제해결 능력, 비판적 사고 능력, 창의력, 인적자원 관리 능력, 협업 능력, 감성 능력, 판단 및 의사결정 능력, 서비스 지향성, 협상 능력, 인지적 유연력* 등이다. 이때 언급된 핵심역량들은 모두 교사중심 지식전달 위주의

---

* Complex Problem Solving, Critical Thinking, Creativity, People Management, Collaboration, Emotional Intelligence, Judgement and Decision Making, Service Orientation, Negotiation, Cognitive Flexibility

주입식, 암기식 수업 방식으로는 개발하기 어려운 것들이다.

핵심역량은 자아 개념, 성격상의 특성, 동기나 원동력 등의 복합체로 단기간에 습득되는 것이 아니라 오랜 기간 계발해야 한다는 특징이 있다. 특히 이런 핵심역량들은 직업 분야를 옮길 때마다 새롭게 학습해야 하는 기술이나 지식과 달리 여러 분야에 적용이 가능(Adaptable)하고 전환이 가능(Transferable)하다. 따라서, 4차 산업혁명 시대의 창의적 미래 인재 양성을 위해서는 핵심역량을 강화하기 위한 교육의 변화가 선행되어야 한다.

현재 4차 산업혁명을 주도하고 있는 미국의 경우 2000년대 초반에 일찌감치 의사소통 능력, 협업 능력, 비판적 사고 능력, 창의력 등의 핵심역량을 강화하기 위한 교육 개혁을 진행했다. 미국에서도 2000년대 이전에는 읽고 쓰고 연산하는 능력 위주의 교육이 이뤄졌었다. 하지만, 기존의 교육 시스템은 컴퓨터와 과학 기술, 정보통신 기술이 발달한 21세기에 적합한 인재를 양성하기에는 부족하다는 판단을 내렸다. 그리고 전미교육협회(National Education Association)의 주도하에 21세기 핵심역량을 정하고 각 수업에서 의사소통 능력, 협업 능력, 비판적 사고 능력, 창의력을 키울 수 있도록 교육 방식을 바꿨다. 그 시작은 교사중심 지식전달 위주의 주입식,

암기식 수업 방식을 지양하고 학생중심 수업 방식으로 전환하는 것이었다.

수업에서 교사의 지식전달 시간이 줄어든 만큼 학생들 스스로 의견을 표현할 수 있는 시간이 늘어났다. 학교 안에서 기본적인 원리와 개념에 대해 충분히 이해할 수 있도록 지원하는 데서 멈추지 않고 실생활 문제에 적용하는 과정을 통해 문제해결 능력을 키울 수 있도록 수업을 구성했다. 또한, 학생들의 창의력을 기르기 위해 스템(STEM) 교육이라는 이름의 과학(Science), 기술(Technology), 공학(Engineering), 수학(Mathematics)을 아우르는 융복합 교육을 진행했다. 결정적으로, 수업 수강일수만 채우면 수업 내용에 대한 이해 정도와 상관없이 다음 학년으로 올라가는 카네기 학점방식을 탈피했다. 온전한 학습을 위해 수업 내용을 충분히 이해했다는 걸 증명해야만 다음 학년으로 진학하는 숙달중심학습(Mastery Based Learning)으로 전환한 것이다.

이런 미국의 교육 개혁은 교실 수업의 모습을 전면적으로 바뀌게 만들었다. 학생들은 주변의 시선을 의식하지 않고 자신의 의견을 맘껏 표현할 수 있게 되었다. 그리고 실패는 성공을 위해 겪는 당연한 과정이라는 관점을 심어 줘 수많은 실패에도 주저앉지 않고 끝까지 해 내는 끈기와 도전정신을 키울 수 있게 됐다. 이와 같은 교육방식의 변화는 4차 산업 혁명 시대에 적합한 인재를 양성하는 데 중요한 작용을 하게 됐다. 흔히 소프트웨어 엔지니어(Software Engineer)와 데이터 사이언티스트(Data Scientist)를 3차 산업혁명 인재와 4차 산업 혁명 인재로 비교하곤 하는데 바로 데이터 사이언티스트를 양성하는 데 적합한 교육방식인 것이다. 소프트웨어 엔지니어는 주로 주어진 설계에 따라 코딩이나 프로그래밍을 한다. 반면에 데이터 사이언티스트는 인공지능의 분야 중 머신러닝(Machine Learning)과 딥러닝(Deep Learning)을 통해 빅데이터를 분석하고 그 결과를 토대로 새로운 방식의 알고리즘을 개발하면서 무(無)에서 유(有), 유(有)에서 유(有)를 창조하는 역할을 수행하기 때문이다.

인공지능 스피커의 음성인식과 자연어 처리, 페이스북의 이미지 분류를 통한 친구 자동 태그 기능, 드론 카메라의 광학인식이나 안면인식, 자동차의 자율주행 시스템, 금융이나 보험 분야에서 빅데이터 분석을 통한 금융변화 예측 및 상품개발 프로그램 등은 모두 데이터 사이언티스트들이 창조한 결과다. 이처럼 데이터 사이언티스트는 기존의 기술을 단순히 활용하는 수준에서 멈추지 않는다. 과거에는 존재하지 않았던, 우리의 상상을 초월하는 기술을 개발할 수 있도록 상상력과 창의력이 풍부해야 한다.

4차 산업혁명 시대의 창의적 미래 인재 양성을 위해서는 개인별 핵심역량을 파악하는 것이 매우 중요하다. 개인별로 강한 역량과 약한 역량을 분석함으로써 자신의 강점과 약점을 알 수 있고 필요에 따라 강점을 더 강화시키거나 약점을 보완하기 위해 교육을 받거나 경험을 쌓으면서 자신의 분야에서 요구되는 역량을 확보할 수 있기 때문이다.

일례로, 최근 버지니아 대학교 연구팀은 핵심역량 측정 앱을 개발하여 8가지 핵심역량에 대한 측정 결과를 제공하고 있다. 다양한 핵심역량 측정검사를 활용한 개인별 핵심역량 현황 파악은 4차 산업혁명 시대의 창의적 미래 인재 양성을 위한 첫 단추인 것이다. 그 역량은 비판적·분석적 사고, 창의력, 복합적 의사소통, 협업 능력, 디지털 리터러시, 감성지능, 복합문제해결 능력, 마음의 습관*이다.

버지니아 대학교 연구팀은 21세기 핵심역량에 대해 정리한 8개 기관의 자료를 비교·분석한 결과를 토대로 4차 산업

---

* 마음의 습관(Habits of Mind)은 문제 상황에 대처하는 생각과 태도를 의미하며, 우리말로 사고방식을 뜻한다. 일반적으로 성실성(Conscientiousness), 끈기/인내심(Persistence), 회복탄력성(Resilience), 배움과 호기심을 즐기는 마음(Love of Learning/Curiosity), 자기 효능감(Self-efficacy) 같은 요소들이 포함된다.

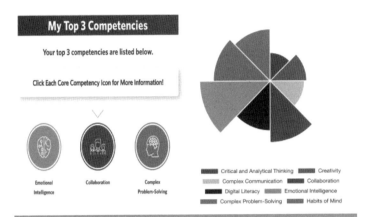

버지니아 대학교 핵심역량 측정 앱 결과

혁명 시대에 중요한 8가지 핵심역량을 도출했다. 그들이 참
고한 기관과 자료는 다음과 같다. 세계경제포럼의 10대 핵심
역량, 미국 100대 명문사립고등학교 연합에서 선발한 8대 핵
심역량, 비영리단체 'battelle for kids'가 발표한 21세기 학
습자를 위한 역량 프레임워크, 미 북중부 지역 교육연구소의
인게이지 21세기 역량, 21세기 역량 파트너십(P21)의 전문가
가 선정한 7가지 21세기 핵심역량, 미 국립 문해연구소(NIFL)
의 미래를 위해 갖춰야 할 성인 역량, 미국 노동부의 일자리
에서 성공하기 위한 역량, 국제교육기술협회(ISTE)의 국가교

	세계 경제 포럼 10대 역량	미국 명문사립 고등학교 연합 8대 역량	Framework for 21st Century Learning (P21)	NCREL's EnGauge 21 Century Skills	The Seven Cs of the 21st Century Lifelong Learning Skills	EFF Content Standards for Adult Literacy (Equipped for the Future)	SCANS Framework (US Department of Labor)	National Educational Technology Readiness (ISTE)
비판적/ 분석적 사고	1	7	1	2	1	2	3	1
창의력	1	5	1	1	1		1	1
복합적 의사소통		3	1	1	1	3	3	1
협업능력	1	9	1	2	1	3	3	1
디지털 리터러시		5	3	4	1	4	7	2
감성지능/ 공감 능력	1	2		1		1	2	1
복합문제 해결 능력	1	3	1	2	1	2	3	
마음의 습관	1	7	2	3	1	2	1	1
세계적 시각		8	2	2	1		1	
판단 및 의사결정 능력	1	6						
인지적 유연력	1							
인적자원 관리 능력	1							
서비스 지향성	1							

미국 8대 주요 기관의 21세기 핵심역량 측정도구 비교 정리표

육기술준비도 등이다.[*]

왼쪽의 도표를 자세히 보면, 비판적·분석적 사고, 협업 능력, 마음의 습관은 모든 핵심역량 측정도구에서 4차 산업혁명 시대에 중요한 핵심역량으로 선정됐다. 창의력, 복합적 의사소통, 디지털 리터러시, 복합문제해결 능력의 경우에는 기관 한 곳를 제외하고 다른 7개 핵심역량 측정도구에서 사용된 것으로 확인됐다.

그런데 온라인 강의 무료수강 플랫폼 무크(MOOC: Massive Open Online Course)의 코세라(Coursera.com)라는 사이트에서 흥미로운 사실을 발견한다. 버지니아 대학교가 운영 중인 13개의 무크 강좌를 수강하는 109개국 2만여 명 학습자들의 핵심역량을 측정한 결과, 동일한 역량분포를 보인 경우는 단 하나의 사례도 없었다는 것이다. 이는 개인마다 경험, 학습 수준, 재능, 능력 등에 따라 독특한 분포의 핵심역량을 보유하

---

[*] 버지니아 대학교 연구팀이 참고한 8개 기관과 핵심역량의 영문 표기는 다음과 같다. : 비영리단체 'battelle for kids'의 핵심역량(Framework for 21st Century Learning), 미 북중부 교육연구소의 핵심역량(EnGauge 21st Century Skills), P21 전문가의 핵심역량(The Seven Cs of the 21st Century Lifelong Learning Skills), 미 국립 문해연구소의 핵심역량(EFF Content Standards for Adult Literacy), 미 노동부의 핵심역량(SCANS Framework), 국제교육기술협회의 핵심역량(National Educational Technology Readiness)

고 있다는 의미이기에 개인 맞춤형 역량중심교육의 필요성을 뒷받침하는 결과이다. 따라서, 4차 산업혁명 시대의 새로운 인재상에 맞는 핵심역량을 갖춘 인재를 양성하기 위해 혁신적인 교육개혁은 선택이 아니라 필수이다.

세계경제포럼은 4차 산업혁명을 물리적 영역, 디지털 영역, 생물학 영역의 경계가 허물어지는 융복합적인 산업혁명이라고 정의했다. 다시 말해, 앞으로 4차 산업혁명 시대에 우리가 마주하게 될 문제는 한 분야가 아닌 여러 분야에 걸친 복합적인 문제이기 때문에 이를 해결할 수 있는 융복합 인재가 요구된다. 그런데 이런 융복합 인재는 단순히 전공을 여러 개 갖거나 학과를 통합해 학생들을 가르친다고 양성할 수 있는 것은 아니다. 우선, 학생 스스로 가장 잘하는 일과 좋아하는 일을 찾을 수 있는 기회를 제공하고 학습이 가장 효과적으로 이뤄질 수 있도록 교육과정 자체에서 융복합이 진행되어야 한다. 예를 들어, 수학과 음악을 같이 배우거나 미술과 과학을 같이 배울 때 학생의 학습 결과가 가장 좋다면 그에 맞춰 융복합 수업을 진행하는 것이다. 정해진 시간표에 맞춰 일정 시간에 모두가 같은 과목을 듣는 것이 아니라 학생 개인별로 자기가 좋아하고 잘하는 수업에 더 많은 시간을 쓰고 집중할 수 있도록 해야 한다. 이것은 4차 산업혁명 시대의 창의적 미래 인재 양성을 위한 중요한 단추이다.

코로나19와 교육의 변화

'감염병의 세계적 대유행'이라는 뜻의 팬데믹(Pandemic)이 선포된 코로나19는 쉴 새 없이 빠르게 돌아가던 전 세계를 한순간에 멈추게 했다. 감염병의 확산을 막기 위해 실시된 사회적 거리두기나 재택근무 확대, 필수 산업을 제외한 분야의 생산라인 가동 중단 등의 조치들은 일상생활 속 우리 삶의 시간마저 느려지게 했다. 마치 18세기 이후 산업화라는 미명 아래 줄곧 정신없이 달려온 인류에게 코로나19가 강제적으로 숨 고르기라도 시키는 것처럼 말이다.

특히 코로나19가 교육에 미친 악영향은 가히 막대하다. 유네스코(UNESCO)가 발표한 바에 따르면, 2020년 4월 5일 기준 전 세계 193개국에서 약 16억 명의 학생들이 휴교령으로 교육을 받지 못했다. 이는 유아원부터 유치원, 초중고 및 대학과 대학원을 포함하여 전 세계 교육기관에 등록된 학생중 91%가 넘는 학생이 코로나19로 인해 몇 달 동안 학교 수업을 못 받았다는 의미다.

　미국 대부분의 주에서 초중고 교육과정을 온라인으로 전환했다. 수업은 주로 교사가 과제를 제시하고 학생들이 제출한 과제에 대해 피드백을 주는 방식으로 진행했다. 학급 전체가 화상회의를 통해 실시간으로 만나는 시간은 일주일에 1시간 정도 가졌다. 기존 방식대로 강의식 수업을 진행하기 위함이 아니라 학생들의 안부를 묻고 과제를 진행하면서 어려운 점이 있었는가에 대한 소통하기 위함이었다.

　한국도 교육부의 주도하에 초중고 전 과정을 온라인으로 진행하며 수업 손실을 최소화할 수 있었다. 다만 수업 방식만 온라인으로 바뀌었을 뿐 오전부터 1교시 영어, 2교시 수학, 3교시 국어 등으로 작성된 시간표에 맞춰 수업을 진행하는 방식은 그대로였다. 수업 시간 동안 EBS 동영상 강의를 수강하거나 교사가 부여한 과제를 작성하는 방식으로 여전히 교사중심 지식전달 위주의 수업이 진행됐다. 그러다 보니 동영상 강의를 틀어 놓고 다른 과목을 공부하는 경우가 생겼다. 심지어 학부모가 동영상 강의를 틀어 놓고 학생은 학원 수업을 들었다는 사례도 있었다. 학습의 주체는 학생이라는 당연한 명제가 교육 방식에 전제되지 않아 생긴 해프닝이다.

이런 현상은 대학의 온라인 강의에서도 나타났다. 교실에서 진행되던 오프라인 수업 방식 그대로 수업전달 매체만 온라인 화상강의 도구로 바뀌어 1시간이든 2시간이든 지식을 전달하는 수업이 진행됐다. 코로나19라는 갑작스러운 위기에 대처하기 위한 임시방편으로 지난 수십 년간 굳게 닫혀 있던 온라인 교육의 문을 활짝 열게 됐지만 사실상 원격강의(Remote Instruction) 형식으로 진행되었을 뿐 제대로 된 온라인 교육이 실시되지는 못했다. 이로 인해 교육의 질 문제뿐만 아니라 온라인 교육에 대한 오해마저 양산하는 결과를 초래하기도 했다.

원격강의와 온라인 교육의 차이는 PDF 형식의 전자책과 상호작용(interactive) 방식의 전자책으로 비교해 보면 이해가 쉽다. 전자책의 특성에 대해 전혀 고려하지 않고 PDF 형식으로 전자책을 만든다면 종이책의 한 페이지 한 페이지를 그대로 PDF로 옮기게 된다. 제작 과정은 간단하지만 책 내용을 전달하는 매체만 종이에서 디지털 기기로 바뀐 셈이다. 반면에 상호작용 방식의 전자책을 만들 때는 훨씬 복잡한 과정을 거친다. 종이책의 내용을 분석하고 그중 전자책의 특성에 맞춰 재구성하는 작업을 진행하기 때문이다. 또 독자가 추가 정보가 궁금하거나 심화 학습을 하고 싶은 경우 책 내용과 연계된 다양한 콘텐츠도 함께 이용할 수 있게 설계한다. 필요한 경우에는 설문이나 퀴즈 등을 통해 독자나 학생의 흥미나 지식 수준을 파악해 개인 맞춤형 콘텐츠를 제공할 수도 있다.

원격강의는 PDF 형식의 전자책처럼 면대면 강의에서 진행하던 수업 내용을 실시간 화상강의 프로그램이나 학습관리시스템과 같은 온라인 매체를 통해서 교사중심의 지식을 그대로 전달하는 방식이다. 따라서, 코로나19 엔데믹(Endemic: 감염병 주기적 유행) 시대 교육의 뉴노멀(New Normal)로 자리 잡은 온라인 교육을 제대로 실시하기 위해서는 기존 온라인 교육 방식에 안주해서는 안 된다. 상호작용 방식의 전자책과 같이 온라인 교육의 특성을 제대로 이해하고, 학생중심의 강의를 설계하고 개발해 학생들에게 보다 나은 온라인 학습경험과 학업 성취를 제공하는 것이 중요하다.

효율적인 온라인 수업 설계의 첫 단계는 코스 얼라이먼트(Course Alignment)로 시작된다. 온라인 교육의 질적 향상을 위한 연구기관인 퀄리티 매터스(Quality Matters)에 따르면, 온라인 수업에서의 얼라이먼트는 학생들이 목표로 하는 학습 결과를 성취하기 위해 학습 목표, 교육용 자료, 학습 활동, 평가 등 일련의 수업 구성 요소들을 온라인 교육의 특성에 맞게 재구성하고 일직선상에 나열하는 과정을 의미한다.

그런데 이 과정에서 주의해야 할 점은 면대면 수업에서 1시간 일반강의를 진행했다고 해서 온라인 수업에서도 똑같이 1시간 동안 화상강의 프로그램을 이용해 실시간으로 강의하기만 하면 안 된다. 그것은 '원격강의'이지 진정한 '온라인 교육'이 아니다. 면대면 수업에서 교사가 수업을 진행하는 강의 시간 외에도 교과서를 읽고, 공부하고, 그룹 프로젝트를 하고, 과제물을 작성하여 제출하는 등 지식 습득 이외의 학습 활동을 진행하기도 한다. 이렇듯 온라인 수업을 통해 진행할 수 있는 학습 활동에 대한 종합적인 고려를 통해 온라인 수업 얼라이먼트 작업을 수행해야 하는 것이다. 또한, 온라인 수업의 특성상 교사의 강의 시간에는 실시간 화상강의뿐만 아니라 학생들이 동영상 자료를 시청하는 시간, 온라인 토론 중 교사가 학생들과 소통하는 시간, 학생들의 이메일에 응답하는 시간 등이 모두 포함된다는 점도 주목해야 한다.

무엇보다도 온라인 수업 설계 시 중점은 교육의 본질은 교사중심의 지식전달이 아니라 학생중심의 학습이라는 것이다. 이런 학생중심의 온라인 교육은 학습 목표, 학습 방법, 평가 방식 등 3가지를 변화시켜야 실현될 수 있다. 예를 들어, '물리학의 기본 원리를 이해한다'라는 학습 목표를 세우는 경우를 가정해 보자. 기존 면대면 수업에서는 교사가 강의 내용을 전달하는 학습 방법을 진행하기 때문에 자연스럽게 지필평가를 통해 학생들이 수업 내용을 얼마나 이해했는가를 평가하게 된다.

하지만, 학습 목표를 '물리학의 기본 원리를 이해하고 그룹 협업활동을 통해 실생활 문제에 적용해 해결책을 제시할 수 있다'로 변경하면 학습 방법과 평가 방식이 달라진다. 물리학의 기본원리에 대한 이해가 선행되어야만 실생활 문제에 적용해 해결책을 제시할 수 있기 때문에, 우선 물리학 기본원리에 대한 완전학습을 도와야 한다. 교사는 짧은 동영상 강의를 제작해 학생들이 이해가 안 가는 부분을 선행적으로 반복학습할 수 있도록 보조할 수 있다. 그런 다음에 실시간 강의에서는 개념 이해의 단계로 확장할 수 있다. 실시간으로 교사와 소통하며 학생들은 각자 동영상 강의, 교과서 또는 그 밖의 읽기 자료 등을 통해 학습하는 동안 이해를 못한 부분에 대해 답을 구하고 심화 학습을 하는 시간을 가질 수 있다.

다음으로 온라인 토론을 통해 다른 학생들의 다양한 관점을 이해하고 자신이 학습한 내용을 보강하는 시간을 가질 수 있다. 그룹 협업활동을 하는 동안 실생활 문제에 대한 해결책을 고민하고 토론하면 창의력과 문제해결 능력을 기르면서 물리학의 기본원리를 실생활에 적용하는 방법까지 학습하게 된다. 마지막으로 그룹이 협업해 찾아낸 해결방안을 다

동영상 강의	실시간 강의
지식전달	**개념이해**
물리학의 기본원리에 대해 반복학습하며 숙달할 수 있도록 동영상 강의를 제작해 제공	실시간 화상강의를 통해 학생들이 궁금한 내용에 대해 추가 설명을 함으로써 개념이해 강화
온라인 토론	그룹 프로젝트
다양한 관점	**실생활에 적용**
온라인 토론을 통해 다른 학생들의 다양한 관점도 이해하고 자신이 이해한 내용도 보강	물리학의 기본원리를 이용해 일상생활 속 문제들에 적용하고 실제 문제를 해결하며 적용

학생중심의 온라인 교육과정 예시

양한 청중을 대상으로 발표하면서 공감 능력이나 소통 능력도 함께 강화할 수 있게 된다.

학습 목표와 학습 방법을 바꾸면 평가 요소 중 지식의 비중을 크게 낮출 수 있다. 온라인 토론에서의 자기의견 표현이나 그룹 협업활동, 원리 적용을 통한 해결책 제시 및 발표 등 다양한 부분에 대한 평가로 전환되어 부정행위에 대한 위험도 저절로 낮아진다.

그런데 이렇게 학생중심 온라인 수업을 설계하기 위해서는 많은 시간과 노력이 투입이 되어야 한다. 최소 한 달에서 반년 이상의 시간이 교사에게 주어져야 하며 교육공학 전문가가 얼라이먼트 단계부터 수업 설계의 전 과정을 함께 지원하는 것이 필요하다. 특히 교사가 동영상 강의를 제작하고 학생들의 학업 성취를 위해 다양한 수업용 자료를 개발할 수 있도록 충분한 시간과 기술 및 장비 지원이 이뤄져야 한다.

학생중심 온라인 수업의 성공적인 운영을 위해서는 환경이 뒷받침되어야 하지만 무엇보다도 학생이 학습의 주체가 되어야 한다는 본질을 잊지 않는 것이 중요하다. 용어만 학생중심 온라인 수업이라고 변경하고 실제로는 교사중심의 수업을 진행하면 안 된다는 것이다. 실질적인 학생중심 수업을 진행하기 위해 고려해야 할 사실은 다음과 같다.

첫째, 개별 학생들의 관심과 흥미에 따라 수업을 선택할 수 있게 하는 것이 좋다. 자신이 듣고 싶은 수업을 들을 때 학생들은 내재적 동기가 극대화되어 능동적인 학습자가 된다. 만약 학교 정책상 학생들이 정해진 수업을 들어야만 하는 상황이라면 비선형 수업 진행도 대안이 될 수 있다. 비선형 수업은 교사가 정한 순서대로 수업을 진행하는 게 아니라 배울 내용을 나열해 놓고 학생들이 어떤 것을 먼저 배우고 싶은지 정하게 하는 방식이다. 이 작은 변화로 학생들이 주인의식을 갖고 수업에 적극적으로 참여하게 만드는 효과가 있다.

둘째, 수업 목표와 수업 방식, 평가 방식에 대해 학생들에게 자세히 설명하고 명확하게 전달하는 것이 좋다. 사실 이건 어떤 수업에서도 가장 기본적인 내용이지만 현실 수업현장에서는 간과되는 경우가 잦다. 교사뿐만 아니라 학생도 자신이 들을 수업에서 무엇을 어떤 방식으로 배우고 학습에 대한 평가가 어떻게 진행되는지에 대한 최소한의 정보를 인지하여 이를 이해할 수 있어야 한다. 이것은 학습의 주체를 학생으로 만드는 데 필요한 요소다. 참고로, 수업 운영에 있어서 교사의 재량이 좀 더 보장되는 학교라면 수업 방식과 평가 방식에 대해 학생들의 의견을 모아 그에 따라 수업을 진행하는 것도 효과적이다.

셋째, 온라인 교육에서는 학생들이 학교에 등교해 수업을 듣는 것이 아니기 때문에 수업 내 학습 활동에 대한 구체적인 시간 계획에 대해 명기하는 것이 좋다. 다음 그림과 같이 월요일까지 교과서나 수업 자료를 읽고 화요일에 실시간 온라인 강의를 수강해야 하며 수요일까지는 온라인 토론 주제에 대한 초기 의견을 올리고 금요일까지 다른 학생들의 의견

주간 학습 활동 계획표				
월	화	수	목	금
읽기	참여하기	생각하기 &논의하기	생각하기 &논의하기	반영하기
읽기 자료와 교과서	실시간 온라인 수업	토론 초기 의견 제시	다른 학생들의 의견에 대해 피드백	한 주간의 활동 검토, 주간 활동 마무리

주간 학습 활동 계획표 예시 자료

에 댓글을 달며 토론에 참여하고 일요일에는 한 주의 학습에 대한 자기반영(Reflection) 보고서를 제출하는 등 한 주간 학습 활동에 대한 구체적인 시간계획을 학생들과 공유하는 것이 좋다.

마지막으로, 평가를 학습의 끝이 아니라 학습의 시작점으로 활용하는 것이 좋다. 즉, 학기 말에 치르는 기말고사는 한 학기 동안 배운 수업 내용에 대한 종합적인 평가가 목적이다. 하지만 학기 초부터 지속적으로 지식점검퀴즈(Knowledge Checkup Quiz)를 진행하면 수업 내용에 대한 학생들의 학습 수준을 파악한다. 그 결과를 토대로 학생별로 어려워하는 부분을 파악하기 위한 기초 자료로 활용할 수 있다. 게다가 학생들이 보이는 오답 패턴을 분석하면 학생별로 어떤 부분을 이해하지 못하는지를 파악해 맞춤형 학습을 진행하는 것도 가능하다. 그런데 이런 오답 패턴 분석은 특정 과목에만 적용될 수 있거나, 반드시 인공지능이나 빅데이터 분석 기술이 요구되는 것은 아니다. 시험 문항을 만들 때 학생들의 오답을 유도하기 위해 함정을 파던 방식을 뒤집어 보면 학생들의 완전학습을 지원할 수 있는 오답 패턴 분석의 기준을 발견할 수 있을 것이다.

물론 이와 같은 학생중심 온라인 수업 운영 방안을 실제로 수업에 적용해 활용하는 것은 개인의 노력만으로는 결코 쉬운 일은 아니다. 제도적인 변화와 지원이 뒷받침되어야 하고, 학생과 학부모들의 의식 전환도 필요조건 중 하나이다. 하지만 무엇보다 중요한 건 학생중심 온라인 교육 실현을 위한 교사의 열정과 의지다. 뛰어난 역량을 가진 교사들이 각자 온라인 수업에서 실현할 수 있는 것들부터 하나씩 추진해 나간다면 불가능한 일은 아니다.

코로나19는 우리에게 교육의 본질에 관하여 의미 있는 시사점을 제시했다. 학교에 가서 책상에 앉아 선생님의 수업을 듣는 것에 익숙한 기성세대에게 학생들이 집에서 온라인으로 수업을 수강하는 모습을 통해 교육의 본질을 다시 숙고해 보는 시간을 제공했다. 온라인 수업임에도 불구하고 학교에 나가듯 수업 시간에 맞춰 모든 반이 같은 동영상 강의를 수강하게 된 것이다. 이 상황은 지금까지 교육 시스템 속에 교사중심 지식전달 위주의 수업 방식이 얼마나 뿌리 깊게 자리 잡고 있는가에 대해 깨닫게 해줬다. 코로나19로 인해 교육 시스템 안으로 깊숙이 들어오게 된 온라인 교육이 학생이 학습의 주체가 될 수 있는 교두보 역할을 하게 된 셈이다.

게다가 코로나19가 종식되지 않고 매년 유행하는 독감과 같이 앞으로 우리의 삶과 함께할 것이라는 전망이 나오면서 팬데믹에서 엔데믹으로 전환되었다. 코로나19 엔데믹 이후의 뉴노멀에 대한 논의들이 교육 분야에서도 활발히 진행됐다. 뉴노멀이란 과거에는 비정상적이던 일이나 현상이 점차 정상이 되어가는 것을 뜻하는 말이다. 교육 분야에서는 온라인 수업이 확대되고 교사의 역할은 점차 지식의 전달에서 지식의 공유 및 재창출로 바뀌고 티칭(Teaching)보다 코칭(Coaching)의 중요성이 강조될 예정이다. 교육의 뉴노멀로 인해 학생의 역할은 수동적 객체에서 능동적 주체로 변화되고 인공지능이나 머신러닝, 학습 분석 등과 같은 4차 산업혁명의 주요 기술들을 교육에 활용해 개별 학생의 수업내용에 대한 이해도에 따른 개인 맞춤형 학습이 주류가 될 것이다. 그런데 어떻게 보면 교육에서의 뉴노멀은 새로운 정상이 아니기도 하다. 그동안 비정상적으로 진행되던 교육이 비로소 정상화되는 과정으로 볼 수 있다.

수없이 많은 생명을 앗아가고 여전히 유행병으로의 위협이 남아 있는 코로나19다. 하지만 코로나19가 공고했던 공교육 시스템에 균열을 일으킨 이 시기를 교육의 본질을 되찾기 위한 천재일우의 기회로 삼아야 한다. 지금이 바로 제대로 된 교육혁신을 단행하기에 중요한 시점이다. 위기와 기회는 항상 동전의 양면처럼 우리에게 함께 다가온다. 동전을 손에 쥔 사람만이 동전의 앞면과 뒷면을 결정할 수 있듯이 결국 코로나19라는 위기를 교육혁신의 기회로 만들지, 아닐지는 바로 우리의 손에 달렸다. 다행히 우리나라 교육 개혁 가능성에 대해서는 아직 희망이 남아 있다. 그 이유는 다음과 같은 여러 요소가 있다.

우선 우수한 교사진이다. 실력뿐만 아니라 교육에 대한 뜨거운 열정을 갖춘 교사들은 교육개혁의 성공을 위한 가장 중요한 열쇠가 될 것이다. 다음으로는 학부모들의 우수한 교육수준을 들 수 있다. 특히 현재 초중고 학생들을 둔 학부모들은 아날로그와 디지털 시대, 양쪽 모두의 경험과 기억을 간직한 세대로서 아날로그 세대인 교사와 디지털 세대인 학생들이 함께 발걸음을 맞춰갈 수 있도록 조정자의 역할을 톡톡히 할 수 있을 것으로 기대된다. 또 하나의 기회요소는 2015 개정 교육안을 통해 지난 8년간 학생중심 역량기반 교육으로의 전환을 위한 밑그림을 그려왔다는 것이다. 우리가 지금 어떤 물감으로 어떤 색을 입히는가에 따라 우리 교육의 미래가 달라진다. 지금 학생, 교사, 학부모, 교육정책 관계자 모두 머리를 맞대고 활발히 의견을 공유하며 그림을 완성해 간다면 한국은 엔데믹 시대를 주도하게 될 것이다.

챗GPT와 교육의 변화

챗GPT는 오랜 시간 고착화되었던 고질적인 문제점을 세상에 드러냈다. 동시에 챗GPT와 같은 생성형 인공지능 프로그램의 등장은 앞으로도 교육 목표와 학습 방식의 변화에 큰 영향을 미칠 전망이다. 사실 대규모 언어모델과 인간의 피드백을 기반으로 한 강화학습 과정을 통해 인간이 만족할 확률이 가장 높은 내용의 문장을 만들어 제시하도록 훈련받은 생성형 인공지능 프로그램에 대해 교육계의 첫 반응은 싸늘했다. 대학원 수준의 어려운 문제들도 척척 풀어내고 인간 사고(思考) 과정의 깊이를 묻는 주제에 대한 에세이도 술술 적어내리는 생성형 인공지능 프로그램에 학생들이 지나치게 의존하게 되면서 학력이 저하되고 사고력도 감퇴될지 모른다는 우려 때문이었다. 뉴욕시는 챗GPT가 작성한 에세이가 사람이 작성한 에세이와 구분하기 어려울 정도로 우수하다는 이유로 뉴욕시 내 공립학교에서 챗GPT의 사용을 금지시켰

다가 다시 허가하는 해프닝도 있었다. 뉴욕시뿐만 아니라 전 세계 교육계는 챗GPT를 교육에 적극 활용해야 한다는 입장과 이를 반대하는 입장이 첨예하게 대립하고 있다.

교실이라는 한정적인 공간에서 한 명의 교사가 일방적으로 지식을 전달하는 주입식, 암기식 교육을 진행하는 교육체제에서 챗GPT가 제공하는 서비스가 부정행위를 도울지도 모른다는 우려가 나오게 된 것이다. 하지만, 진정한 의미에서 교육을 걱정한다면 챗GPT를 통해 수면으로 떠오른 현재 교육 시스템의 근본적인 문제를 해결하기 위한 방안 마련에 총력을 기울여야 할 때가 아닐까? 도대체 왜 챗GPT라는 생성형 인공지능 프로그램 하나 때문에 한 나라의 교육계 전체가 들썩거리게 된 걸까? 어려운 수학 문제도 척척 풀어내고 긴 보고서도 몇 분 안에 주요 내용만 요약해 주며 특정 주제에 대해 학생들의 의견을 묻는 글쓰기까지 가능한 챗GPT는 과연 우리 교육의 문젯거리일까? 아니면 우리 교육의 문제를 해결할 수 있는 대안일까?

챗GPT가 주도하는 생성형 인공지능 프로그램의 시대에는 산업혁명 시대와 같은 능력이 필요하지 않다. 앞으로는 과거와 달리 빠르게 읽고 쓰고 연산하는 능력이 요구되지 않을 것이다. 창의력, 의사소통 능력, 협업 능력, 비판적 사고 능력, 복합문제해결 능력, 공감 능력, 회복탄력성, 감성 능력, 인지적 유연성 등이 필요할 것이다. 즉, 단순 기술이나 지식이 아닌 사람의 본성을 구성하는 핵심역량을 골고루 갖춰야 한다는 것도 고려해야 한다. 또한, 정보가 한정적이고 정보에 대한 접근 자체가 제한적이던 과거에는 정보를 검색하는 능력이 중요했다. 무한한 정보의 홍수 속에서 살고 있는 지금은 양질의 정보를 선별하고 이를 토대로 새로운 정보를 창출하는 능력이 더욱 요구된다. 이 점도 교육 개혁 방향을 수립하는 데 참고해야 할 요소 중 하나이다.

미국의 교육심리학자 벤자민 블룸(Benjamin Bloom) 박사는 인지적 학습을 6단계로 분류하였다. 인지적 학습은 기억, 이해, 적용, 분석, 평가, 창조의 순서로 이뤄진다. 그중 학습의 1~2단계에 해당하는 기억, 이해는 학생들이 지식을 머릿속에 지식을 주입함으로써 학습하는 단계이다. 반면 학습의 3~6단계로 점차 발전하면 학생들은 자신이 기억하고 이해한 지식을 자기 것으로 체화하여 자유자재로 활용할 수 있다. 앞서 우리가 교육을 뜻하는 영어 educate와 한자어 교육(教育)에서 살펴보았듯이, 학습은 하위 단계를 기반으로 상위 단계로 나아가기를 추구해야 한다.

하지만 현재의 교육은 벤자민 블룸 박사의 6단계 학습

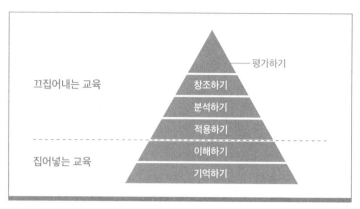

끄집어내는 교육

― 평가하기
창조하기
분석하기
적용하기

― ― ― ― ― ― ― ― ― ― ― ― ― ― ― ― ― ―

집어넣는 교육

이해하기
기억하기

벤자민 블룸(Benjamin Bloom) 박사의 학습의 6단계 분류학

분류 중 하위 영역에 속하는, 기억하고 이해하는 학습에만 치중하고 있다. 그럼에도 불구하고 '기억'과 '이해'라는 학습 목표조차 모든 학생들이 완전히 학습할 수 있도록 지원하지 못하고 있는 실정이다. 따라서 챗GPT 같은 생성형 인공지능 프로그램들을 활용해서 학생들이 교실 수업에 참여하기 전에 기억하고 이해해야 하는 부분에 속하는, 외부 지식을 완전히 학습할 수 있도록 지원해야 한다. 기억과 이해는 학습의 6단계 중 근간을 이루는 부분이다. 지식을 완전히 기억하고 이해해야 교실 수업에서 적용, 분석, 평가, 창조하는 상위 영역의 학습 활동이 가능하다. 다시 말해, 머릿속에 지식을 집어넣는 교육이 제대로 선행되지 않으면 끄집어내서 활용하는 교육이 불가능하다.

앞서 말했듯이 4차 산업혁명 시대라 불리우는 디지털 대전환의 시대에 요구되는 인재상은 1차부터 3차 산업혁명 때까지 각광받던 인재상과 전혀 다르다. 특정 분야에 대한 높은 수준의 기술이나 지식을 쌓아야 했던 시대에서 여러 분야로 적용이 되고 전환이 될 수 있는 핵심역량이 더 요구되는 시대가 된 것이다. 그렇다면 우리 교육은 디지털 대전환 시대를 살아갈 인재들에게 필요한 핵심역량을 기를 준비가 되어 있는가? 1차 산업혁명 시대부터 3차 산업혁명 시대에 인재들에게 요구되던 단편적인 기술이나 지식조차도 모든 학생들이 완전학습을 성취하는 데 어려움을 겪고 있지는 않은가? 핵심역량을 키우기 위해서는 기존의 주입식 암기 교육으로는 한계가 있다. 그렇기 때문에 학생들 스스로 수업의 주체가 돼서 직접 학습 활동을 주도하며 능동적으로 학습하는 방향으로의 전환이 필요하다.

인공지능과 교육의 미래

디지털 대전환 시대에 활약할 핵심역량을 갖춘 인재들을 양성하기 위해서는 교사중심의 지식전달 방식 수업에서 학생중심의 액티브 러닝 방식 수업으로 전환해야 한다. 그러기 위해서는 챗GPT와 같은 생성형 인공지능 프로그램들이 개별 맞춤형 학습을 진행하는 개인교사의 역할을 할 수 있도록 활용하는 방안을 마련하는 것이 필요하다. 특히 챗GPT와 같은 인공지능 프로그램은 모든 학생들의 학습 속도와 수준에 맞춰 수업의 기본 내용에 대해 완전학습이 가능하도록 하는 데 꼭 필요한 역할을 수행할 수 있다.

그렇다면 챗GPT와 같은 생성형 인공지능 프로그램이 활약하는 미래 시대의 교육 현장은 어떤 모습일까? 가장 먼저 교실에서의 수업 방식이 달라질 것이다. 챗GPT를 필두로 생성형 인공지능 프로그램은 인간 교사보다 다양한 방법으로 지식을 전달하는 데다 암기식 문제들에 대한 답과 함께 풀이 과정까지 자세히 설명해 줄 수 있다. 이 장점을 활용하면 근대 공교육이 시작된 이후 오늘날까지 150년이 넘는 시간 동안 계속된, 교사가 학생들에게 말로 지식을 전달하는 수업 방식 대신 학생들 능동적인 활동을 통해 스스로 학습하는 방식이 주를 이룰 것이다. 이런 수업 방식을 교육공학에서는 액티브 러닝(Active Learning)이라고 부른다. 앉아서 선생님께서 설명하는 내용만 수동적으로 받아 적고 암기하는 모습이 아닌, 프로젝트나 토론, 역할극이나 실생활과 관련된 복합문제해결하기 등 학생들이 수업의 주도권을 갖고 적극적으로 참여하는 방식을 말한다.

많은 학생들과 함께 수업을 들어야 하는 교실 환경 속에서는 궁금한 것이 있어도 질문을 못하고 넘어가는 경우가 발생하기 쉽다. 하지만 학교가 아닌 가정에서 챗GPT와 함께 상호작용하며 학습을 진행할 때는 학생들이 궁금한 내용에 대해 부담없이 질문을 할 수 있고, 그만큼 더 정확한 설명을 들을 수 있다. 공교육 시스템에 인공지능 프로그램이 학습 보조 수단으로 인정된다면 인공지능 프로그램을 통해 수업에 참여하기 전에 미리 알아둬야 하는 기본 개념을 학습할 수 있다. 집에서 학생들이 챗GPT를 개인 맞춤형 가정교사로 생성형 인공지능 프로그램을 이용한다면 완전학습이 이뤄질 때까지 반복적으로 학습을 진행할 수 있다. 물론 여기서 이야기하는 반복 학습이란 똑같은 내용을 다람쥐 쳇바퀴 돌 듯 계속해서 단순 반복하는 것을 의미하는 게 아니다. 학생이 수업 내용을 완전히 습득했다고 할 수 있을 때까지 다양한 교수학습법을 반복하는 것이다. 개별 학생마다 에듀테크(EduTech) 기반의 디지털 교과서를 통해 학습을 진행한 후에 지식점검퀴즈를 본다. 그 결과를 토대로 정확히 아는 내용과 애매하게 아는 내용, 전혀 모르는 내용으로 분류해서 학생이 모르는 부분을 집중해서 학습할 수 있다.

무엇보다도 챗GPT와 같은 생성형 인공지능 프로그램들은 학생들이 작성한 문장이나 보고서 등에 대한 문법, 표현, 어휘, 문맥, 문장구조나 흐름 등 여러 면에 대한 상세한 피드백을 제공해 줄 수 있다. 그렇기 때문에 학생들의 언어 표현력이나 의사소통 능력 향상에 긍정적인 영향을 줄 수 있다. 일정 수준 이상으로 학습 내용을 습득한 학생들은 전보다 자신감 있는 태도로 배운 지식을 다른 학습 활동에 적용하고, 분석하고, 평가하고, 창조하며 자연스럽게 액티브 러닝의 자세를 갖게 된다. 배운 내용을 머릿속에서 끄집어내서 활용하는, 상위 영역의 학습 활동을 할 수 있게 되는 것이다.

게다가 인공지능 프로그램들은 학생들의 관심과 흥미에

따라 원하는 정보와 자료를 실시간으로 제공해 학생들의 학습동기를 강화하거나 유지시키는 데 도움을 줄 수 있다. 특히 챗GPT 같은 생성형 인공지능 프로그램들은 마치 24시간 바로 옆에 있는 개인교사처럼 학생들이 궁금한 순간에 바로바로 답을 제시해 주기 때문에 학생들의 학습동기 향상에 긍정적인 영향을 미칠 수 있다.

특히 일반 에듀테크 기술과 달리 챗GPT를 비롯한 생성형 인공지능 프로그램은 학생들이 모르는 내용을 제대로 학습하기에 최적화된 기술이다. 같은 내용을 열 번이고 백 번이고 다시 물어봐도 매번 다른 방식으로 다르게 설명하며 학생들의 이해를 도울 수 있기 때문이다. 그렇기 때문에 미래학습에서 개별 학생의 학습 진도에 따라 모든 학생이 완전학습을 성취하는데 매우 중요한 역할을 수행할 것이다. 게다가 생성형 인공지능 프로그램들이 메타버스(Metaverse)나 가상현실(VR)나 증강현실(AR), 360° 인터렉티브 실감형 콘텐츠(Interactive Immersive Content) 등에 접목되면서 학생들이 학습 환경에 몰입하여 높은 수준의 학습동기를 유지하며 학습에 집중할 수 있다.

또한, 질문하고 답변하는 모든 과정을 문자로만 수행했던 초기 버전의 생성형 인공지능 프로그램과 달리 앞으로 출시

될 버전에서는 더 많은 방식으로 소통할 수 있을 것으로 예상된다. 미래에는 질문이나 명령어를 입력할 필요 없이 말을 건네기만 해도 인공지능 프로그램은 문자, 이미지, 동영상 등 다양한 방식으로 응답할 것이다. 이 기술로 개별 학습자의 학습 패턴이나 스타일에 맞게 멀티미디어를 활용해서 맞춤형 콘텐츠를 제공함으로써 학습의 효율을 극대화할 전망이다.

같은 콘텐츠로 학습을 시작했더라도 각자 이해한 부분과 이해하지 못한 부분이 천차만별이다. 인공지능 기술을 학습 분석(Learning Analytics) 프로그램에도 적용하면 학생별 학습 현황뿐만 아니라 수업 내용 이해도를 분석해 완전학습에 이르는 개인 맞춤형 학습 경로(Learning Path)를 제시하게 될 것이다. 예를 들어, 도형의 개념을 배운다고 가정해 보자. 모든 학생이 삼각형에 대해 배우기 시작하더라도 삼각형 개념을 잘 이해하지 못한 학생들이 있을 수 있다. 이들에게는 삼각형 개념에 대한 여러 콘텐츠를 제공할 수 있을 것이다. 인공지능 프로그램을 적극 활용하면 삼각형을 완전히 이해할 때까지 수차례 반복하여 학습할 수 있다. 반면, 삼각형에 대해서 완전히 학습한 학생들에게는 사각형이나 원에 대한 콘텐츠가 제공돼 다음 단계의 학습을 진행한다. 이렇게 같은 내용을 배우더라도 같은 수준의 학습을 이루기 위해 서로 다른 학습 경로를 밟게 된다는 것이다.

한편 지식을 학습하는 과정이 변하면 교실 내 수업 환경 역시 변화할 것이다. 수업에서 학생들은 선생님이 제시한 프로젝트를 수행하는 동안 인공지능 프로그램을 이용하여 수집한 기초 자료에 대한 정보를 적극적으로 활용하는 과정을 거치면서 자신만의 유일한 결과물을 도출하게 될 것이다. 이와 같은 수업 환경에서는 각자 주어진 프로젝트에 대한 자신만의 해결책을 제시해야 한다. 그렇기 때문에 챗GPT를 이용해 문제의 정답을 묻는 등 부정행위를 하는 것 자체가 의미 없게 된다. 다른 학생들과도 경쟁하기보다는 서로 소통하고 협업하며 주어진 문제를 해결하기 위해 정교한 해법을 찾아가는 여정을 함께할 수 있을 것이다.

뿐만 아니라 인공지능 프로그램들은 교육계의 우려와 달리 학생들의 창의력을 저하시키지 않고, 오히려 발전시킬 수 있는 방향으로도 충분히 활용할 수 있다. 학생들이 관심 있거나 궁금한 부분에 대해 챗GPT와 같은 생성형 인공지능 프로그램을 활용하여 창의적인 활동을 하거나 문제의 해결책을 찾아낼 수 있다. 예를 들어, 글쓰기를 좋아하는 학생이 챗GPT에 "바다에 대한 창의적인 글쓰기 주제를 제시해 줘."라고 질문을 입력할 수 있다. 그러면 챗GPT는 "'바다의 비밀스러운 생명'이란 주제로 바닷속에서 발견되는 신비로운 생물에 대한 이야기를 쓰세요. 당신의 상상 속 신비로운 생물은 어떤 능력이 있으며 우리가 알지 못하는 어떤 비밀을 풀어가는지 이야기를 상상해 보세요."와 같이 창의적인 글쓰기 주제를 제시해 줄 수 있다. 게다가 생성형 인공지능 프로그램들은 질문을 무한히 반복하면 끊임없이 창의적인 글쓰기 주제를 제시할 수 있다. 그러므로 학생들이 꾸준히 자신의 관심 분야에 대해 학습할 수 있는 기회를 제공한다.

교사는 더 이상 일방적으로 지식을 전달하는 역할을 수행하지 않아도 된다. 학생들 스스로 학습할 수 있도록 돕는 멘토나 중재자의 역할을 하게 될 것이다. 다만 현행 교육과정에서 인공지능 프로그램이 주어진다고 학생이 학습의 주체가 될 수는 없다는 점을 주의해야 한다. 인공지능 프로그램이 대중화된 미래 시대에 교육의 역할은 멈춰져 있는 지식을 전달하는 것이 아니다. 따라서 학생이 능동적으로 학습하기 위해서는 지식을 배우는 것에서 그치지 않고 과거의 지식을 토대로 미래의 지식을 재창조할 수 있도록 학습 목표에서부터 학습 방법, 그리고 평가 방법까지 학습 과정 전반에 걸쳐 종합적인 개혁이 이뤄져야 한다. 그러면 학생과 교사가 무한한 가능성으로 살아 숨 쉬는 새로운 정보를 공유하는 학습 생태계를 구축할 수 있다.

챗GPT와 같은 생성형 인공지능 프로그램들은 인간과 경쟁하기 위해서 만들어진 것이 아니라 인간이 활용할 도구로 만들어졌다는 걸 잊지 말아야 한다. 따라서, 인공지능 프로그램과의 경쟁에서 이길 방법을 찾기 위해 노력하는 것은 크게 의미 있는 방법이 아니다. 그보다는 인공지능 프로그램들을 어떻게 하면 더 효과적으로 활용할 수 있을지에 대한 방법을 모색하는 것이 더 의미가 있을 것이다. 교육에 있어서도 마찬가지다. 인공지능 프로그램들을 어떻게 활용해야 학생들을 학습의 주체로 되돌리고 완전학습을 실현할 수 있을 것인가에 대한 논의가 더 중요하다. 물론, 인공지능이 교육의 본질을 찾기 위한 유일한 해답은 아니다. 하지만, 최소한 인공지능 프로그램을 통해 우리는 교육의 본질을 향한 첫걸음을 내딛을 수 있을 것이고, 이 첫걸음은 우리가 최종 목적지에 도달할 수 있는 원동력이 될 것이다.

3장

생성형 인공지능 시대,
교육 패러다임이
변화하고 있다

인공지능,
교육 시스템에 파문을 일으키다

19세기 근대 공교육이 시작된 이후로 교육 시스템은 150여 년이 넘는 시간 동안 변하지 않았다. 학교 교실에서는 한 명의 교사가 다수의 학생들을 대상으로 국어, 영어, 수학, 물리, 화학, 생명과학, 지구과학, 한국지리, 세계지리, 한국사, 세계사 등 과목에 따라 배워야 할 내용들을 전달하는 방식의 수업을 진행했다. 이 교육 방식은 개별 학생들의 관심이나 흥미, 수업에 대한 이해 수준과는 상관없이 모든 학생들이 같은 수업 일정에 따라 수업을 받아야 했다.

그런데 국어, 영어, 수학, 과학과 같은 수업은 무슨 기준으로 분류된 걸까? 교사들의 전공별로 구분 지은 걸까? 학생들이 잘 이해할 수 있도록 분류해 놓은 걸까? 만약 음악과 수학을 융합해서 수업을 진행하고 미술과 물리를 함께 배우는 것이 더 효율적이라면 학교 현장에서 교사가 융복합 수업을 진행할 수 있을까? 국어, 영어, 수학은 왜 다른 과목들에 비해 수업 시간이 더 많이 배정된 걸까? 지구과학을 좋아하는 학생이 있다면 국어, 영어, 수학 수업 시간을 줄이고 지구과학 수업에 더 많은 시간을 배정할 수는 없는 걸까?

더 좋은 교육에 대해서 셀 수 없이 많은 질문이 아직 남아 있다. 이 중에 현재 교육 시스템은 얼마나 답을 할 수 있을까? 아니, 하나라도 제대로 된 답을 내놓을 수는 있는 걸까? 현재 학교 교육의 목표는 무엇인지 말하고, 그 목표를 달성한다면 디지털 대전환 시대에서 아이들이 잘 살기 위한 준비가 되었다고 할 수 있을까? IBM에서 발표한 연구 결과에 따르면 2020년에 이미 인류 전체의 지식이나 정보의 양이 2배가 되는데 12시간밖에 안 걸렸다고 한다. 그만큼 정보의 반감기가 급격히 줄어드는 상황 속에서 구시대의 유물로 남을지 모를 지식을 전달하고 평가하는 것이 의미가 있을까? 따라서, 이 장에서는 챗GPT와 같은 생성형 인공지능 프로그램의 시대에 학습의 의미에 대해 되새겨 보고 우리의 교육 패러다임은 어떻게 변화되어야 하는가에 대해 논의해 보고자 한다.

진정한 '학습'의 의미

'학습의 주체는 학생'이라는 건 동서고금을 막론하고 누구도 반론을 제기하기 어려운, 참인 명제이다. 그런데 실제 교육 현장을 보면 교사가 학습의 주체 역할을 하고 학생은 학습의 객체로, 심지어 평가 대상으로 여겨지고 있다. 게다가 주객이 전도된 상황에 대해 문제를 제기하거나 교육의 본래 취지에 맞게 원상 복귀를 하고자 하는 노력이 잘 보이지 않는 경우가 많다.

그렇다면 식당에서 음식을 먹는 상황을 예를 들어 생각해 보자. 음식을 먹고, 소화시키고, 음식값을 지불한 뒤에 맛을 평가하는 주체는 당연히 손님이다. 그런데 요리사가 손님이 좋아하는, 혹은 먹고 싶은 음식에 대해 묻지도 않은 채 자기가 준비한 음식을 먹으라고 하는 게 정상적인 상황일까? 게다가 음식의 맛도 없는 데다 심지어 설익어서 손님이 먹다가

소화를 다 못 시키는 바람에 체했는데도 요리사가 손님이 음식을 먹을 역량이 안 되었다고 평가한다면 손님은 어떻게 해야 할까? 또한, 원하지도 않은 음식을 먹고 탈이 났는데도 음식값을 다 지불하라고 한다면 손님은 잘 먹지 못한 자신을 탓하며 음식값을 다 내야 하는 걸까? 이런 상황은 정말이지 현실에서는 있을 수 없는, 말도 안 되는 상황이다.

주문하지도 않았는데 원하지 않은 음식이 나왔다면 손님은 당연히 요리사를 불러 잘못 나온 음식을 가져가게 하고 원하는 음식을 먹을 수 있어야 한다. 또한, 음식이 짜고 설익었다면 요리사를 불러 음식에 대한 손님의 평가를 전하고 제대로 다시 만들어 오라고 요청할 수 있어야 한다. 원하는 음식을 맛있게 먹고 만족했을 때 기분 좋게 음식값을 지불하고 식당을 나올 수 있는 것이다.

다시 교육 이야기를 해 보자. 현재 교육 시스템은 학습의 주체인 학생이 원하지도 않은 과목이나 수준의 수업을 가르치고 학생들을 A, B, C, D, F의 학점으로 평가한다. 학생들이 수업 내용을 완전히 배우지 못해 B~D의 학점을 받았는데도 수업료는 다 지불해야 한다. 심지어 배우는 학생이 열심히 공부하지 않았다고 자책하고 있는 실정이다. 이 상황을 정상적이라고 받아들여야 하는 할까? 당연히 그렇지 않다. 하지만 지금까지 우리의 교육은 비정상을 정상으로 여기며 한 세기가 넘는 시간 동안을 버티고 있었다. 그리고 여전히 눈앞에 다가온 변화의 물결을 거부하고 있는 형국이다.

이런 고질적인 문제 때문에 챗GPT와 같은 생성형 인공지능 프로그램의 등장에 교육계에서는 부정행위나 학습역량 저하에 대한 우려의 목소리부터 나왔던 것이다. 챗GPT만 해도 시험 문제들을 척척 맞추고 심지어 그 풀이 과정에 대해 다양한 방법으로 학생들에게 몇 번이고 다시 설명할 수 있다. 그런데 이를 이유로 과연 챗GPT를 학생이 학습의 주체가 되는 환경에서도 터부시해야 할까? 긴 보고서의 내용을 일목요연하게 볼 수 있도록 요약해 주고 특정 주제에 대한 에세이를 작성할 수 있으며 주어진 데이터를 활용해 소논문을 쓸 수 있다는 사실이 학교에서 챗GPT에 대한 접근 자체를 차단해야 하는 이유일까?

물론, 한 명의 교사가 다수의 학생에게 하위 수준의 지식을 전달하고 정해진 시간 내에 배운 내용을 얼마나 기억하는지 학생들을 평가하는 현 교육 시스템에서는 챗GPT와 같은 생성형 인공지능 프로그램의 등장이 달갑지 않을 수 있다. 하지만 학생이 학습의 주체가 되는 학습 환경에서 챗GPT는 개별 학생들이 이해가 안 가는 부분을 이해가 갈 때까지 다양한 방법으로 설명할 수 있다. 여기에 더해 비슷한 개념을 묻는 여러 종류의 예제를 만들어 학생들이 문제 풀이 과정을 통해 이해도나 숙련도를 향상시킬 수 있도록 도울 수 있다. 챗GPT가 던지는 주제에 대해 토론하며 학생들의 사고의 깊이를 강화시킬 수 있기 때문에 가장 이상적인 개인교사 역할을 수행할 수 있다.

따라서, 이제 챗GPT를 통해 드러난 교육의 문제점들을 직시할 때다. 학생을 진정한 학습의 주체도 되돌리기 위해서 어떻게 해야 할지에 대해 학생, 교사, 학부모, 교육 정책입안자들이 머리를 맞대고 방법을 모색해 나가야 한다. 우리 아이들의 미래를 위해 지금 교육개혁의 기회를 놓치는 일은 절대로 있어서는 안 된다.

학생이 중심이 되는 교육을 향해

생성형 인공지능의 시대가 가리키는 교육 패러다임의 변화 방향은 바로 교사중심에서 학생중심으로의 전환이다. 말로는 간단해 보이지만 사실 교육 시스템을 전체적으로 뒤집어엎고 새로 쌓아 올려야만 가능한 일이다. 교육 시스템을 전체적으로 개혁하기 위해선 다음과 같이 변화를 일으켜야 한다.

첫째, 교육의 근본적인 목적에 대한 인식의 전환이 이뤄져야 한다. 그동안 학교나 정부가 정한 일련의 과목들을 정해진 시간 동안 학년별로 모든 학생들이 똑같이 수강하게 했다. 학생들의 이해력이나 암기력 위주로 평가하여 그 결과를 토대로 대학진학이나 취업의 우선순위가 결정되고 있다. 이 구조를 과감히 깨고 학생들이 스스로 좋아하고 잘하는 일들을 찾아 자신의 관심과 흥미에 따라 원하는 수업을 선택해서 수강할 수 있어야 한다. 다시 말해 교육의 목적을 대학 진학이나 취업이 아닌 학생의 역량 개발에 두는 것이다. 이를 토대로 학생들이 배우고 싶은 내용을 배우게 함으로써 자신이 무엇을 잘하고 좋아하는지 알아갈 수 있도록 교육의 목적을 바뀌어야 한다.

둘째, 나이와 학년이 아니라 각자의 수준에 맞춰 수업을 수강할 수 있어야 한다. 모든 학생들은 다 제각각의 학습곡선(Learning Curve)를 갖고 있다. 수학을 빠르게 배우는 학생이 있는 반면에 언어를 배울 때 학습동기가 가장 높은 학생이 있다. 지리적인 감각은 뛰어난 반면 역사의 흐름에 대한 이해력은 더딘 학생이 있을 수 있다. 따라서 나이에 따라 동일 학년으로 반으로 편성되어서 같은 수업과 내용을 배우는 것이 아니라 자신의 수준에 맞는 수업을 수강할 수 있어야 한다. 예를 들어, 이 시스템에서는 자신의 수준에 맞춰 수학은 고3 수업을 듣지만 영어는 고2 수업을 들으며 국어는 고1 수업을 듣는 학생이 있을 수 있다. 그리고 해당 수업에 대해서는 완전학습을 할 수 있게 지원해야 한다. 이를 위해서는 학습 시간의 자율화도 함께 진행되면 그 효과는 배가된다. 모든 학생들이 일괄적으로 50분 수업 듣고 10분 쉬는 방식이 아니라 학생마다 집중이 잘 되는 시간을 충분히 활용해 학습할 수 있도록 학습 시간에 대한 자율을 보장해 줘야 한다.

셋째, 교사가 일방적으로 지식을 전달하는 수업 방식은 지양하고 학생들 스스로 능동적이고 적극적으로 참여할 수 있는 수업 방식으로 전환해야 한다. 수업 전에 학생들이 기억하고 이해해야 하는 하위 영역의 학습 활동을 미리 진행함으로써 수업에서 배워야 할 내용 중 기본이 되는 내용에 대한 완전학습을 하는 것이 바람직하다. 완전학습을 마친 이후에 수업에 참여할 수 있도록 챗GPT나 에듀테크, 학습 분석 프로그램 등 다양한 도구를 활용해서 개인 맞춤형 학습 경로를 설계해야 한다. 교실에서는 학생들이 수업 전에 배운 내용을 활용해 적용하고 창의적인 학습 활동을 능동적으로 할 수 있도록 수업을 재구성해야 한다.

넷째, 국어, 영어, 수학, 과학 등 교사들의 전공에 맞춘 수업체계에서 벗어나야 한다. 그리고 학생들이 가장 효과적이고 효율적인 방법으로 학습할 수 있는 방향으로 융복합 수업을 진행해야 한다. 예를 들어, 2차 세계대전 당시 영국의 윈스턴 처칠(Winston Churchill) 수상이 노르망디 상륙작전을 결정하는 상황을 학습한다고 가정해 보자. 현행 교육과정을 따르면 역사 시간에 노르망디 상륙작전에 대해서 배우고, 세계지리 시간에 노르망디 지역에 대한 지리적 특성에 대해서 배운 뒤, 정치경제 수업에서 당시 처칠 수상과 영국의 상황에 대해 배울 수 있다. 하지만 어떤 사건에 대해 분야별 지식을 따로따로 배우면 그에 대한 단편적인 지식만 얻을 수 있다. 여러 과목을 하나로 통합해 처칠 수상의 노르망디 상륙작전에 대한 의사결정 과정에 영향을 미쳤던 정치경제, 사회문화, 지정학적 사실을 배우고 사건을 종합적으로 이해할 수 있도록 융복합 수업을 개설할 필요가 있다.

마지막으로, 교수자가 학생을 평가할 때에도 단편적인 지식을 묻는 4지 선다형 문제나 짧은 에세이 작성하는 문제를 제출하기보다는 학생마다 자신만의 종합적인 사고력을 담은 해답을 제시할 수 있도록 질문하는 것이 중요하다. 예를 들어 '당신이 처칠 수상이었다면 어떤 결정을 내렸을 것이며, 그 결과 2차 세계대전의 결과는 어떻게 바뀌었을 것인가?'라는 질문을 던지면 학생들은 저마다 다른 답을 제시하게 될 것이다. 상황을 가정하고 그에 대한 대처 방식을 고민하면 학생들의 사고력을 키울 수 있다. 또한, 평가 방식에 대한 선택권도 학생들에게 제공할 수 있다. 학생에 따라 5페이지 소논문 작성하기, 파워포인트를 활용해 10분 발표하기, 5분짜리 동영상을 제작해 유튜브에 올려 상영하기, 스피치 원고를 한 페이지 작성해 연설하기 등 다양한 방식 중에 자신이 원하는 평가 방식을 고르게 하는 것도 필요하다.

모르는 것과 아는 것을
모두 알아야 한다

학생이 학습의 주체가 되는 수업에서 중요한 요소 중 하나는 학생의 학습 현황을 명확하게 파악하는 것이다. 그러기 위해서는 모르는 것을 배우는 학습(Learning)과 아는 것은 배우지 않도록 빼 주는 폐기학습(Unlearning), 그리고 새롭게 배운 내용과 기존에 내가 갖고 있던 사전 지식(Prior Knowledge)을 통합하여 내 것으로 만드는 재학습(Relearning)을 함께 진행해야 한다.

모르는 것을 배우는 학습 과정에 중점을 둔 교육 시스템에 익숙한 우리들에게는 폐기학습이라는 개념은 다소 생소할 수도 있다. 하지만, 모든 학생들에게 똑같은 학습 시간이 주어졌을 때 개별 학생마다 이미 다 이해한 내용은 수업 내용에서 빼 주는 폐기학습은 중요한 역할을 한다. 폐기학습이 진행되지 않으면 다 아는 걸 또 듣느라 모르는 것을 학습하는 데 더 많은 시간을 활용할 기회를 놓쳐 버리기 때문이다.

챗GPT와 같은 생성형 인공지능 프로그램의 시대에는 학습과 폐기학습, 그리고 재학습의 단계마다 더 효율적인 학습을 진행할 수 있다. 그 방법은 아주 간단하다. 첫째, 모르는 부분에 대해서 챗GPT에게 자신의 말투로 명확하고 자세하게 질문하면 된다. 챗GPT가 제공하는 답변을 확인한 후에도 여전히 이해가 안 된다면 이해가 될 때까지 몇 번이고 다시 물어보는 과정을 반복하면 된다. 이것이 바로 챗GPT를 활용한 학습의 과정이다.

둘째, 챗GPT가 설명한 내용 중에 일부 내용이 이해되지 않는다면 그 부분을 집중적으로 다시 물어본다. 이것이 바로 폐기학습의 과정이다. 똑같은 질문을 계속해서 단순 반복하는 것이 아니라 챗GPT가 제공하는 답변 중 이해가 간 부분과 아직 이해되지 않은 부분을 구분해서 질문을 계속 이어나가는 방식이다. 챗GPT를 활용하지 않더라도 모든 학습의 과정에서 습관적으로 아는 것과 모르는 것을 명확히 구분하는 연습을 하는 것이 매우 중요한데 이것을 '메타인지(Meta-cognition)'라고도 한다.

셋째, 학습과 폐기학습을 완료한 후에 챗GPT에게 심화

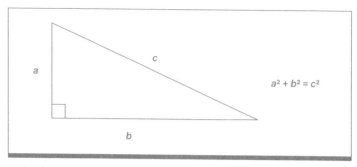

피타고라스의 정리

학습을 진행할 수 있는 질문들을 제시해 달라고 해서 심화 질문들에 대한 답을 할 수도 있다. 이처럼 챗GPT와 함께 토론을 진행하면 새로 배운 지식을 내 것으로 확실히 만드는 재학습의 과정을 진행할 수 있다.

예를 들어 피타고라스의 정리에 대해 학습하는 경우, 챗GPT에게 피타고라스의 정리를 증명하는 방법에 대해서 질문하면 챗GPT는 다양한 방법으로 그 증명 과정과 방법을 제시하며 우리의 이해를 도울 것이다. 하지만, 여러 증명 방법들을 보다가 a^2이 왜 사각형의 면적을 의미하는지에 대해서 이해가 안 된다면 이 부분에 대해서만 따로 챗GPT에게 물어보면서 폐기학습의 과정을 진행할 수 있다. 또한, 피타고라스의 정리를 증명하는 방법에 대해서 학습을 마친 후에 '어떤 경우에 피타고라스의 정리를 사용하는가?'라는 질문을 챗

GPT에게 하면 피타고라스의 정리가 활용 가능한 여러 사례를 제시해 주기 때문에 그 사례들을 보면서 재학습의 과정을 할 수 있게 된다.

4장

진정한 학습자 중심의
교육을 찾아서

학생이 주인공이 되기 위한 시작, 역량중심교육

앞에서 말했듯이, 챗GPT 시대에 성공하는 인재를 양성하기 위해서는 교수자가 아닌 학습자가 중심이 되는 방향으로의 교육 패러다임 전환은 더 이상 선택이 아니라 필수다. 이번 장에서는 학습자 중심 교육을 위해 요구되는 4가지 교육법에 대해 이야기하고자 한다. 먼저 미국에서의 역량중심교육(Competency-Based Education) 진화 과정을 살펴보면서 우리가 착안해야 할 점들을 소개하고자 한다. 또한, 개인 맞춤형 학습(Adaptive Personalized Learning)과 완전학습(Mastery-based Learning)의 중요성에 대해 설명하고 학습현장에서의 활용방안에 대해 제시하고자 한다. 마지막으로 챗GPT 시대 개인 맞춤형 학습을 제공하기 위해 필요한 학습 분석의 배경과 역사, 그리고 현황에 대해 논의하고자 한다.

역량중심교육이란, 역량을 평가해서 학습 성과를 측정하

는 교육방식이다. 선생님께 배운 내용을 잘 이해하고 기억했는지를 평가하는, 시간 중심(Time-Based)의 기존 전통적인 교육과는 전혀 다른 방식이다. 미국에서는 2015년 오바마 행정부에서 ESSA 법안을 통과시키며 물꼬를 잘 터 준 결과, 현재 미국 전체 50개 주의 대부분 지역에서 역량중심교육을 도입하거나 도입할 계획을 발표한 상황이다. ESSA 법안의 핵심은 맞춤형 학습을 통해 개별 학생마다 자기가 좋아하고 잘하는 분야에 최고의 성과를 얻을 수 있도록 지원한다는 것이다.

2001년 부시 행정부 당시 시행했던 아동 낙오 방지법안(No Child Left Behind Act)은 모든 학생들이 최소한의 학력을 성취할 수 있도록 교육에서의 하한선을 정한 법안이다. 반면, 오바마 행정부의 ESSA 법안은 학교 교육을 통해 학생들이 성취할 수 있는 상한선을 없애 학생별로 자기가 좋아하고 잘하는 과목에서 최대한의 학업 성취를 이룰 수 있도록 한 것이 특징이다. 예를 들어 수학을 잘 못 하거나 좋아하지 않는 아이는 고등학교 4년(9학년부터 12학년) 동안 기본 수학 과목 내용만 충실히 배우면 된다. 반면에, 수학을 잘하고 좋아하는 아이는 원한다면 고등학교 과정 중에 이미 대학 과정의 수업을 듣거나 아예 대학에 가서 수업을 수강할 수 있다.

출석 일수만 채우면 다음 학기나 다음 학년으로 진학할

■ 역량중심교육을 선도하는 주	■ 역량중심교육 개발단계 주
■ 역량중심교육 신규도입 주	□ 역량중심교육 도입계획 없는 주

미국 역량중심교육과정 도입 현황
(출처: Aurora Institute)

수 있는 시간 중심의 학제 시스템을 전면 개편해 출석 일수
에 상관없이 학습 내용에 대한 숙달(Mastery) 정도에 따라 학
년을 배정하는 방식으로 전환하고 있다. 이를 위해 K(Kinder-
garten: 유치원)~12학년까지 초중고 과정을 1년 단위로 한 과목
씩 배웠던 커리큘럼을 대폭 간소화했다. K~2학년, 3~5학년,
6~8학년, 9~12학년 등 3~4년에 걸쳐 한 과목을 배우게 한다.
이로써 충분한 시간을 두고 해당 과목에서 배워야 할 내용을
완전히 학습할 수 있는 시스템을 구축하고 있다. 이 시스템

을 적용한다면 고등학교 1학년 때 일반수학을 듣고 2학년 때 수학 I을 듣지 않는다. 고등학교 재학 기간 중에 '간소화된 고교 수학(Math Compacted 9-12th)'이라는 수업 한 과목만 필수로 이수하면 된다. 수학을 더 배우고자 하는 학생들에 한하여 미적분이나 통계, 선형대수학 등의 상위 수준의 수학 수업을 제공하는 것이다. 반 편성도 학습 수준을 기준으로 나이와 상관없이 구성한다.

과목별 학습 수준에 따라 수업을 배정하는 방식은 영어, 수학과 같은 주요 과목에만 국한된 게 아니라 다양한 과목에 적용하고 있다. 예를 들어 음악 과목에서도 단계별로 수준별 학습을 진행하고 있다. 밴드를 초급 수준의 학생들로 구성된 콘서트 밴드, 중급 수준의 심포닉(Symphonic) 밴드, 상급 수준의 윈드 앙상블(Wind Enssemble)이나 재즈 밴드로 나눠 수업을 이수하는 것이다. 이와 같은 미국의 역량중심교육은 6가지 기본원칙을 따르고 있는데 그 내용은 다음과 같다.

- 한 명의 교사가 교실 내 모든 학생들에게 똑같은 내용을 전달하는 기존 수업 방식은 지양하고 개별 학생들의 학습동기나 목표에 따라 개인 맞춤형 학습을 지원한다.
- 정해진 수업 시간을 채우면 다음 학년으로 진학하는 시간 중심의 카네기 학점 방식이 아니라 학생들이 수업 내

용을 이해하고 숙달한 정도를 증명함으로써 상급 학년 수업을 듣게 된다.
- 학생은 평가의 대상이 아니라 학습의 주체이기 때문에 학생 스스로 수업을 설계하고 학습 방법을 정하고 평가까지 진행할 수 있게 지원한다.
- 결과가 아닌 과정 위주의 평가를 한다.
- 교사는 설명하고 학생들은 그 내용을 받아 적고 시험을 통해 친구들과 등수를 경쟁하는 것이 아니라 학생들끼리 협업 학습을 진행하고 학습한 내용을 친구들에게 설명하며 프로젝트를 중심으로 학습한다. (특히, 프로젝트 중심 학습 방식은 기본 원리에 대한 이해와 함께 실생활에 적용함으로써 단순히 암기 위주의 학습에서 벗어날 수 있게 지원한다)
- 교육용 빅데이터를 활용한 개인 학생별 학습 현황 파악 및 분석을 통해 개별 학생들에게 어떤 지원이 요구되는지 결정하는 근거를 제공한다.

그런데 대체 역량이란 무엇일까? 역량은 영어로 'Competency'라고 하며 사전적 의미로는 '어떤 일이나 행동을 하는 것에 대한 자신감이나 잠재적 능력'을 말한다. 역량과 비슷한 단어로는 능력(Competence)이 있다. 능력은 사전적으로 '어떤 일이나 행동을 실제로 수행할 수 있는 숙련도나 능숙도'를 의미한다. 역량과 능력은 엄연히 다른 뜻을 가졌다. 하지

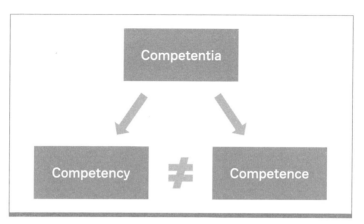

라틴어 'Competentia'에서 유래된
영단어 역량(Competency), 능력(Competence)의 차이

만 두 단어는 지금까지 동의어처럼 사용되었는데 그 배경에
는 두 단어의 어원이 같다는 점도 한몫했다. 역량(Competency)
와 능력(Competence)은 둘 다 '누군가에게 역할을 맡긴다'라는
뜻의 라틴어 'Competentia'에서 유래됐다.

즉, 누군가에게 역할을 맡기기 위해서는 역량도, 능력도
함께 필요하다. 이에 미국의 심리학자이자 경영학자였던 데
이비드 맥크렐랜드(David McClelland)는 1973년에 발표한 역량
의 빙산모델(Iceberg Model of Competency)을 통해 역량을 빙산
에 비유한다. 수면 위에 드러나는 기술과 지식은 눈으로 보
이는 영역이라서 관찰 및 측정이 비교적 쉽다. 하지만 전체
중에서 고작 10%만 차지한다. 동기, 특성, 자기 개념·이미지

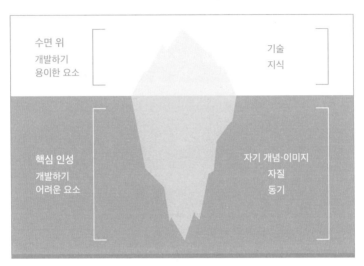

수면 위
개발하기
용이한 요소

기술
지식

핵심 인성
개발하기
어려운 요소

자기 개념·이미지
자질
동기

데이비드 맥크렐랜드(David McClelland) 역량의 빙산모델

등 눈으로는 관찰하기 어려운 핵심인성이 역량의 90%를 차지한다고 표현하기도 했다.

역량과 능력은 그 속성 자체가 확연히 구분되기 때문에 잘 구분해서 사용해야 한다. 능력은 기술과 지식으로 구성되어 단기간에 학습이 가능하다. 반면, 역량은 창의력, 의사소통, 협업, 공감, 회복탄력성 등 인간 본성의 근간을 이루는 주요 요소들로 구성되어 있어 더 복잡하게 이뤄져 있다. 때문에 역량은 대부분 선천적으로 타고나거나 오랜 기간에 걸쳐야만 강화나 계발이 가능하다. 또한, 의대에서 배운 기술이나 지식을 법대에서 활용하기 어렵듯이 한 분야에서 습득한 능력은 다른 분야에서는 활용하기가 힘든 경우가 많다. 그러나 역량은 타 분야로 적용이 가능하고 전환 가능하다. 이런 특성 때문에 지속적인 기술 발달에 의해 평생 여러 직업을 갖는 '일자리 노마드(Nomad)' 시대인 오늘날에는 역량의 중요성이 더욱 강조되고 있다.

그렇다면 교실 속 학습 환경에서 역량을 기반으로 한 교육은 어떻게 진행할 수 있을까? 미국 역량중심교육의 진화 과정을 보면 3가지 방법을 찾을 수 있다. 첫 번째 방법은 기술과 지식을 가르치는 현재의 수업 내용은 유지하되, 수업을 마친 후 학생들이 수업 내용을 실제로 활용할 수 있는 수준까지 배울 수 있도록 하는 것이다. 이를 위해서는 수업 설계 단계에서부터 학습 목표를 '이 수업을 통해 학생들은 어떤 것을 배울 수 있다'라고 정하여 학습 내용에 대한 이해나 암기 정도를 평가하는 것에 그쳐선 안 된다. '이 수업을 통해 학생들은 어떤 것을 할 수 있다'라는 식으로 관찰이 가능(Observable)하고 측정이 가능(Measurable)한 학습 목표를 정해야 한다. 그리고 학생들이 실제로 해당 학습 결과를 성취했다는 증명을 해야만 다음 단계로 넘어갈 수 있도록 구성해야 한다.

예를 들어 세계사 수업에서 '2차 세계대전의 경제적 영향에 대해 이해할 수 있다'라는 학습 목표를 세웠다고 가정해 보자. 이 학습 목표를 성취하기 위해 2차 세계대전의 경제적 영향에 대해 관련 지식을 선생님이 설명할 것이다. 이후에 그 내용을 잘 이해했는지 학생들에게 지필고사를 통해 평가할 수 있다. 하지만, '2차 세계대전의 경제적 영향을 토대로 전쟁이 경제에 미치는 영향에 대해 직접 분석할 수 있다'로 학습 목표를 정한다면 학생들이 목표하는 학습 결과를 성취하기 위해서 수업 방식도, 평가 방식도 달라진다. 선생님이 일방적으로 학생들에게 지식을 전하는 것에 멈춰선 안 된다. 그들이 능동적으로 사실을 분석하여 종합적으로 사고하는 능력을 키울 수 있도록 환경을 만들어 줘야 한다. 따라서 이때는 2차 세계대전이 경제에 미친 영향에 대해 학습한 뒤, 그에 대한 다양한 다큐멘터리나 서적을 함께 보고 토론이나 그룹 프로젝트를 진행할 수 있다. 어떤 형식을 취하든, 궁극적으로는 학생들이 스스로 전쟁이 경제에 미치는 영향에 대한 분석 능력을 키워 주는 방식으로 전환되어야 한다.

또한 학습 결과를 평가할 때도 지식의 암기 수준을 평가할 것이 아니라 기존의 지식을 바탕으로 주어진 문제를 해결할 수 있도록 문제를 제시해야 한다. 예를 들면 '만약 당신이 미국의 대통령이라면 3차 세계대전의 위험을 무릅쓰고 러시

아와 우크라이나 전쟁에 군사를 파견하겠는가?'라는 주제의 에세이를 작성해 자신만의 해결책을 제시하도록 하는 방식으로 진행할 수 있어야 한다. 이와 같은 방식의 과제를 학생들에게 제시한다면 전쟁이 경제에 미치는 영향에 대해 분석할 수 있는 능력을 갖췄는지 확인할 수 있을 것이다.

역량중심교육의
정착을 위한 발자취

　이런 방식의 역량중심교육이 도입된 데는 1965년 통과된
초등 및 중등 교육 법안(The Elementary and Secondary Education
Act)이 계기가 되었다. 이 법안으로 미 교육부에서 10개 대학
을 선정해 사범대 교육 프로그램을 역량중심교육으로 개편
하는 연구비를 지원했고, 이에 대한 교육 시스템이 개발되
기 시작했다. 그런데 사실 역량중심교육이 도입된 것에는 정
치적인 상황이 결정적인 역할을 했다. 1957년 러시아가 인류
최초의 인공위성인 스푸트니크 1호(Sputnik 1) 발사에 성공하
자 미국 교육의 문제점에 대한 논의가 제기됐다. 그 결과 교
사 교육의 변화가 필요하다는 결론에 다다르게 됐고, 정치
권에서 먼저 발빠르게 움직이기 시작했다. 스푸트니크 1호
를 발사한 바로 다음 해인 1958년에 국가방위교육법안(The
National Defense Education Act)를 발의해 신기술 개발을 위한
인재 양성을 통해 국가 안보를 강화해야 한다는 명분을 마련

한다. 이후, 1963년 직업훈련법안(The Vocational Education Act), 1970년 교육 전문가 양성 법안(The Education Professions Development Act) 등을 단계적으로 통과시키며 역량중심 교사 교육을 확대해 나갔다.

기존 교사 교육과정에서는 사범대 학생으로서 배워야 할, 그리고 앞으로 미래 학생들에게 가르쳐야 할 수업 내용만 이해하면 되었다. 하지만 역량중심 교사 교육과정의 사범대 학생들은 졸업 후 교사가 된 이후에 실제로 학생들을 지도할 때 본인이 사범대에서 배운 내용을 어떻게 활용할 수 있는가에 대해 증명해 내야 했다. 예를 들어, 영어 선생님이 되고자 사범대에 입학한 학생이라면 기존 교사 교육에서는 영어 과목 관련 수업을 듣고 그 내용에 대해 시험을 보고 점수를 받는 것으로 끝냈다. 하지만 역량중심 교사 교육과정에서는 한 발 더 나아가 배운 내용을 학생들의 영어 역량을 강화하기 위해 어떻게 활용할 수 있는가에 대한 평가를 통과해야만 하는 것이다. 교사 교육의 변화로 시작된 미국 내 역량중심교육의 물결은 기업교육이나 직업교육 분야로 확대돼 단순히 '어떤 것을 아는가?'에서 그치지 않고 '어떤 것을 할 수 있는가?'를 교육의 목표로 하는 방향으로 전개됐다.

그러던 가운데 1990년대 후반, 교육개혁에 대한 목소리가 커지는 일이 한 번 더 발생했다. 21세기라는 새로운 시대의 도래에 대한 걱정과 우려가 사회 전반에 퍼졌던 것이다. 그때까지만 해도 미국 교육은 읽기(Reading), 쓰기(Writing), 연산하기(Arithmetic)라는 '3R 교육'에 근간을 두고 있었다. 3R 교육은 산업혁명 초기 공장에서 일할 노동자를 양산하기 위해 요구된 역량을 기르는 교육이었다. 하지만 3R만으로는 컴퓨터와 과학 기술, 정보통신 기술이 발달할 21세기를 주도할 인재를 양성하기에는 부족하다는 인식이 팽배해진다. 그러면서 역량을 중심으로 한 교육개혁에 대한 요구가 높아졌다. 결국 전미교육협회(National Education Association)는 2002년, 21세기 역량 파트너십(The Partnership for 21st Century Skills)이라는 비영리 단체를 설립하고 21세기형 인재 양성을 위해 의사소통(Communication), 비판적 사고(Critical Thinking), 창의력(Creativity), 협업(Collaboration)의 영어 앞 글자를 딴 '4C' 역량을 기반으로 한 전면적인 교육개혁을 단행했다.

4C 기반 교육과정으로의 체질 개선을 위해서 교사, 학부모, 학생, 정책 입안자 등 교육에 연관된 모든 구성원들이 함께 머리를 맞대며 모든 교육과정마다 개편 작업을 진행했다. 한 가지 예를 들면, 3R 기반 교육과정의 교실에서는 선생님이 읽고 쓰고 연산하는 능력을 강화하기 위한 수업을 진행하고, 정해진 시간 동안 얼마나 많은 문제를 맞히는지를 기준

삼아 학생들을 평가했다. 다수의 학생이 천편일률적으로 학습하다 보니 모르는 부분에 대해 질문할 수는 있지만 새로운 의견을 제시하기는 어려운 학습 환경이었다. 하지만 의사소통, 비판적 사고, 창의력, 협업을 기반으로 한 4C 중심 교실에서는 다른 풍경이 펼쳐졌다. 학생들이 어떤 내용이라도 자유롭게 자신의 의사를 표현할 수 있게 됐으며 선생님은 학생들의 의견을 수렴해 수업에 활용했다.

생물 과목을 배운다고 가정했을 때, 기존의 3R 기반 생물 수업에서 학생들은 선생님이 가르쳐 준 대로 백악기 시대 동물의 특징과 포유류나 갑각류의 특성, 먹이사슬 등에 대해 똑같이 암기했다. 수업 내용을 최대한 많이, 정확하게 암기하고 중간고사나 기말고사 같은 필기 시험에서 많은 문제를 맞출수록 높은 학업 성취를 이뤘다고 평가했다. 하지만 4C 기반의 새로운 생물 수업에서는 학생들이 선생님과 함께 시대별 동물의 특징에 대해 연구할 수 있다. 그 결과를 토대로 자신만의 상상의 동물을 창조해서 모습을 직접 디자인한 뒤, 3D프린터를 이용해 실재화하는 프로젝트를 진행하게 된다. 학생들은 이런 프로젝트를 진행하면서 각 동물의 종류나 특성에 대한 지식을 바탕으로 지구상에 존재하지 않는 새로운 상상 속의 동물을 만들어 볼 수 있다. 그리고 이 과정을 통해 생태계에 대한 종합적이고 전반적인 이해와 함께 의사소통,

비판적 사고, 창의력, 협업 등의 역량도 동시에 기르게 되는 것이다.

이후 4차 산업혁명 시대가 도래하면서 1차부터 3차까지의 산업혁명과는 전혀 다른 새로운 역량들이 요구되자, 미국 교육에 또 한 번의 획기적인 시도가 제기됐다. 2017년 3월 메릴랜드주에 위치한 볼티모어시에서 개최된 전미 사립학교 협회(NAIS) 연례대회에서 기존의 성적중심 성적표를 폐지하고 역량을 중심으로 하는 성적표를 도입하겠다는 발표가 나온 것이다. 이 전환을 주도한 하킨스쿨(Hawken School)의 스캇 루니(Scott Looney) 교장은 A~F 학점으로는 학생들의 수년간의 학업 성장 과정을 제대로 담아낼 수 없다는 의견을 밝혔다. 역량중심 성적표를 통해 학생들이 학습 과정을 통해 지식과 기술, 창의력과 호기심, 협업, 진실성, 회복탄력성 등 다양한 역량을 강화할 수 있다고 했다.

전 세계 80억 명의 인구 중에 똑같이 생긴 사람은 단 한 명도 없을 것이다. 그만큼 모든 사람들이 다 각자의 개성과 특성을 갖고 태어났음에도 불구하고 지금까지 학교에서 A, B, C, D, F라는 5개의 그룹으로 분류되어 왔다. 또한 현재 우리가 수업하고 있는 국어, 영어, 수학, 화학, 물리, 생물, 미술, 음악, 체육 등의 과목 분류는 학생들의 학습을 돕기 위한 분

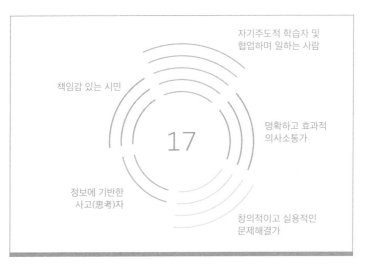

자기주도적 학습자 및
협업하며 일하는 사람

책임감 있는 시민

17

명확하고 효과적
의사소통가

정보에 기반한
사고(思考)자

창의적이고 실용적인
문제해결가

역량중심 성적표 샘플 이미지
(출처: Mastery Transcript Consortium)

류가 아니라 선생님들의 전공에 맞춰, 수업을 하기 위한 분류이다. 그렇기 때문에 역량중심 성적표를 도입하는 학교들은 학생들의 학습에 도움이 되는 방향으로 과목 체제를 전면적으로 개혁하는 작업도 함께 진행하고 있다.

역량중심 성적표는 기존 종이 성적표와 달리 수강 과목명, 성적, 학점 등의 정보들은 하나도 표기되지 않는다. 대신 개인 학생별로 학교에서 지정한 역량의 현황만 보여 주게 된다. 또한 학생들이 각 역량을 얻기 위해 어떤 과제물을 제출했고 어떤 프로젝트를 수행했는지를 보여준다. 그리고 디지털 방식이 더해지면서 그에 대한 선생님의 피드백이 어땠는지 등의 정보도 함께 제공해 4년간의 고등학교 생활을 고스란히 들여다볼 수 있다는 장점이 있다. 따라서 학부모나 학생, 대학 입학 사정관들이 역량중심 성적표를 통해 짧은 순간에 직관적으로 학생 개별의 역량에 대해 파악할 수 있다. 그 학생이 고등학교 생활 중에 쌓아간 역량들에 대해 자세히 알 수 있기 때문에 기존 종이 성적표에 비해 개별 학생들을 제대로 이해하기 위한 자료로 활용 가치가 더 높다고 할 수 있다.

1960년대 후반부터 치열하게 몸부림치며 21세기형 인재 개발을 위해 다양한 교육개혁을 시도해 온 미국 교육계의 여정은 지금까지도 이어지고 있다. 이런 노력이 미국이 4차 산업혁명 시대를 주도하게 된 밑거름이 되었다는 건 분명한 사실이다. 그런데 여기서 가장 중요한 사실은 미국의 역량중심 교육 진화 과정의 핵심 기조는 기존 교사중심 교육 방식에서 벗어나 바로 학습자가 중심이 되는 교육이라는 것이다. 지금까지 미국 교육계가 추구했던 것은 학습자가 학습에 중심이 되는 교육을 지향하는 과정이었다.

학생의 학습 결과를 중점적으로 고려하는 역량중심교육은 챗GPT와 같은 생성형 인공지능 프로그램을 통해 더욱 효과적으로 진행될 수 있다. 학생별로 수업 내용 중에 이해하기 어려운 부분이 있다면 그 부분에 대해 완전히 학습할 때까지 챗GPT를 활용해 수업 전 학습 활동을 하고 프로젝트 수행이나 문제해결 과정에서도 교사와 챗GPT의 피드백을 함께 받으며 자신만의 해결책을 제시해 나갈 수 있기 때문이다.

학생이 원하는 수업을 듣는
개인 맞춤형 학습

디지털 대전환 시대의 교육에 있어서 주요 키워드는 개인 맞춤형 학습이다. 지금까지는 교육뿐만 아니라 사회 전반에 걸쳐 소비자가 아닌 공급자가 주도권을 쥐고 소품종 대량생산의 시대를 계속 유지해 왔다. 기업이 제품을 개발해 대량생산 후 대중매체를 통해 광고를 하고 유통망을 통해 제품을 공급하면 소비자들은 생산된 제품 안에서 구매하는 수동적인 소비 패턴이 일반적이었다. 학교에서도 교사가 작성한 커리큘럼과 교육시간표에 따라 학생들은 수동적으로 받아 적고 암기하는 데 익숙해져 왔다.

하지만 디지털 대전환의 시대는 다품종 소량생산의 시대로서 개별소비자의 지위가 향상된 시대이다. 기업이 만들고 싶은 제품을 대량으로 생산하는 것이 아니라 개별소비자의 기호와 요구를 파악하고 소량 제작해 직접 판매하는 방식이 주를 이루고 있다. 교육도 마찬가지다. 교실 내 모든 학생들에게 교사가 교과목 내용을 일괄적으로 가르치는 것이 아니라 학생별로 아는 것과 모르는 것을 구분하고 오답 패턴을 분석해 개인 맞춤형 학습 콘텐츠를 제공하게 될 것이다. 인공지능 로봇과 유비쿼터스 기술, 교육용 빅데이터 분석 기술의 발달은 개인 맞춤형 학습의 확대를 주도하게 된다. 머지 않은 미래에 종이 교과서는 점차 교실에서 사라지고, 학생들은 개인 모바일 기기나 사물인터넷(IoT: Internet of Things) 컴퓨터가 장착된 책상을 사용해 선생님의 수업을 들으며 강의 자료를 함께 공부할 수 있게 될 것이다.

미국의 몇몇 초등학교는 이미 맥그로힐(McGrawHill)과 같은 교육 전문 출판사와 연계해 디지털 교과서 시범학교로 선정돼 운영되고 있다. 이 시범학교에서는 학생들이 다른 학생들과 함께 교실에서 선생님이 진행하는 수업을 들을지, 아니면 개인 모바일 기기를 이용해 온라인 학습을 진행할지 결정할 수 있다. 조사 결과에 따르면, 교사가 진행하는 수업을 듣는 경우와 개인 학생별로 온라인 학습을 진행한 경우를 비교했을 때 학습 성취도에는 큰 차이가 없는 것으로 나타났다. 특히 개인 온라인 학습을 진행한 뒤 궁금한 내용을 선생님에게 문의하여 상호작용을 한 경우에 더 나은 학습 결과를 보였다. 따라서 앞으로는 기초 학습은 개인 모바일 기기를 이용해 온라인으로 공부하고 선생님과는 심화 학습을 진행하여 학습 효과를 극대화하는 교육 모델이 보편화될 전망이다.

이런 변화는 교육학 이론의 흐름과도 연관되어 있다. 1950년대에는 주어진 자극에 반응하는 것을 학습으로 보는 행동주의 이론이 교육의 기조가 되었다. 그래서 교사가 학습의 중심이 되어 학생들이 교사의 행동을 잘 모방할 수 있도록 수업을 진행하는 방식들이 주로 활용되었다. 이후 학습을 시각과 청각 등 학습자의 감각기관을 통해 머릿속에 저장시킨 외부 정보가 학습자의 단기기억장치를 거쳐 장기기억으로 저장되는 과정으로 보는 인지주의 이론이 교육계에 보급되면서 학습자에 대한 관심이 증가하기 시작했다. 하지만 이때도 여전히 학습자를 주어진 정보를 습득하는 수동적인 대상으로 간주하고, 효과적인 정보 전달을 위한 방법에 대한 논의가 주로 진행됐다.

1990년대에 이르자 포스트모더니즘의 영향으로 교육계에도 구성주의가 대두되기 시작했다. 그에 따라 동일한 정보가 주어져도 학습자의 배경 지식이나 경험, 사회적 맥락에 따라 전혀 다른 학습 결과가 도출될 수 있다는 구성주의 학습이론에 맞춰 교육 패러다임에 대한 대변혁이 이뤄지게 됐다. 구성주의 이론이 나타나며 학생별 맞춤 학습의 중요성에 대해

행동주의	인지주의
Behaviorism 학습은 자극에 반응하여 상대방의 행동을 모방하는 것. 대표적인 사례: 파블로프의 개 실험	**Cognitivism** 학습은 외부정보가 학습자의 감각기관을 통해 뇌 속의 단기기억을 거쳐 장기기억으로 저장되는 과정.
구성주의	**감성주의**
Constructivism 동일한 정보가 주어졌어도 학습자의 배경지식, 경험, 사회적 맥락에 따라 다른 학습 결과가 도출이 된다고 봄.	**Emotionalism** 학습에 있어서 가장 중요한 건 학습자의 학습동기라고 보고, 게임의 3요소(재미·경쟁·보상)를 학습에 적용해 학습동기를 최대화 함.

교육학 이론 변화에 따른 개인 맞춤형 학습 도입 추이

재조명되었다. 이로 인해 학생들이 적극적이고 능동적으로 학습할 수 있도록 수업을 구성하고 설계하는 계기를 만들긴 했지만, 여전히 개별 학생을 위한 맞춤형 학습이 진행되기에는 시기상조였다.

학생 개개인을 위한 맞춤형 학습은 디지털 대전환 시대를 맞이하고 나서야 주목받게 되었다. 이 시기와 맞물려 학습에 있어서 가장 중요한 건 학습자의 학습동기라고 보는 감성주의 이론이 등장했다. 기술적·사회적으로 변화가 일어나며 교육의 방향이 학생중심, 개인 맞춤형 학습으로 전환되는 토대를 마련할 수 있었다. 교육에 있어서 감성주의 이론은 감성적 소구를 통해 학습자들이 학습 과정에 몰입할 수 있도록 재미, 경쟁, 보상 등 게임의 3요소를 수업에 적용하는 이론이다. 또한 교육용 빅데이터를 활용한 학습 분석, 학습관리시스템과 에듀테크 기술의 발달에 따라 개인 맞춤형 학습을 진행하며 실질적인 학습 성취도를 개선할 수 있게 됐다.

예를 들어, UC버클리 대학교의 컴퓨터공학 학부 과정의 파이썬(Python)이란 프로그래밍 언어를 이용한 코딩 수업에서 인공지능과 빅데이터 분석 기술을 활용하기도 했다. 이전 학기 수강 학생들이 지난 수년간 보인 오답 패턴을 분석하고, 그 결과를 토대로 당해 학기 수강 학생들의 오답 경향과 원인을 파악했다. 이렇게 오답을 고른 학생이 자신의 오류를 스스로 파악하고 힌트를 제공하여 정답을 찾아갈 수 있도록 유도하는 방식으로 교육 효과를 높이고 있다.

이와 같이 학습 과정에서 학생들의 오답 패턴을 분석해 개인 맞춤형 학습을 제공함으로써 교육성과를 향상시킨 사례가 증가하고 있다. 미국 내에서 역량중심교육을 선도하고 있는 뉴햄프셔주의 고등학교 교실에서는 수학교사, 수학 코치, 데이터 코치가 함께 교수자로 수업에 참여한다. 그리고 미래형 교수학습과 통합적 배움, 역량기반 잠재성 실현이 가능한 ICT 기반 스마트 교실을 구축하고 운영한다. 그 중심에는 학생이 있다.

학생들은 저마다 자신의 수준에 맞는 수학 수업을 선택해서 수강할 수 있다. 수학교사는 학생들이 수학적 개념을 이해할 수 있도록 수업을 진행하는 데 중점을 둬야 한다. 수학 코치는 학생들이 노트북이나 테블릿 PC 등 개인 학습 도구를 활용해 학습하는 과정에 대해 코칭한다. 그리고 최종적으로 데이터 코치는 학생들의 학습 과정에서 축적된 모든 학습 데이터를 분석해서 학생별로 잘 이해한 부분과 잘 이해하지 못한 부분들을 구별해 낸다. 뿐만 아니라 학생이 이해하지 못한 부분을 어떤 방식으로 학습을 진행하면 완전학습을 할 수 있는지에 대한 방법을 제공하는 역할을 한다.

뉴햄프셔주 고등학교의 예는 챗GPT와 같은 생성형 인공지능 프로그램 시대 교실 모습의 초기 버전이라고 볼 수 있다. 향후에는 학생들의 학교 수업 내에서뿐만 아니라 집이나 학원, 또는 언제 어디서 학습하더라도 해당 학습 데이터를 연계할 수 있으리라고 예상한다. 그럴 경우 학생들이 해당 과목이나 주제에 대해 제대로 이해할 수 있도록 다방면에서 체계적이고 지속적인 지원이 이뤄질 전망이다.

한편 이런 오답 패턴 분석은 교육용 빅데이터 분석이나 인공지능 기술이 있어야만 가능한 것은 아닐뿐더러, 과목에 상관없이 모두 적용할 수 있다. 일반적으로 교사가 시험에서 문제를 출제하는 경우, 학생들의 오답을 유도하기 위해 보기 문항을 만든다. 문제를 출제하는 기준을 토대로 학생들이 어떤 오답을 선택하는가를 분석해 보면 개별 학생별로 각자 헷갈리는 부분과 잘못 이해한 부분을 파악하고 완전학습을 할 수 있도록 지원할 수 있다. 따라서 개별 교사들이 각자의 수업에서 당장 적용 가능한 방법을 찾아보고 하나씩 실행해 나간다면 개인 맞춤형 학습의 도입을 앞당길 수 있을 것이다.

지식을 오롯이 습득하는
완전학습교육

완전학습(Mastery-Based Learning)이란, 학생들이 배워야 할 내용을 완전히 학습하도록 하는 것을 목표로 하는 교육 방식이다. 완전학습의 정의를 살펴 보면 교육의 목적과 별반 다를 바 없는, 당연한 말처럼 보이지만 아직 우리의 교육 현장 상황과 동떨어진 얘기다. 수업 내용을 평균점수 수준에 맞춰 교실 안 모든 학생들을 대상으로 똑같이 가르치고 정규분포에 따르는 성적분포를 도출하는 방식으로는 완전학습을 실현하기란 불가능하다. 하지만 챗GPT와 같은 생성형 인공지능 프로그램들과 에듀테크, 빅데이터 분석 등 과학 기술이 놀라운 수준으로 발달했다. 지금부터라도 마음먹고 이 기술들을 교육 분야에 활용하면 완전학습을 위한 학습 환경은 언제든 구성할 수 있게 되었다. 따라서, 완전학습에 대해 자세히 알아보고 이를 실현하기 위해 어떤 부분들을 고려해야 하는지 살펴보는 것이 중요하다.

사실 완전학습이라는 개념은 미국의 교육학자 존 듀이(John Dewey)의 교육철학에 근간을 두고 있다. 산업혁명의 영향으로 근대 공교육이 시작되면서 학교는 효율성이라는 굴레에 갇혔고 개별 학생들 간 차이에는 주의를 기울이지 않았다. 오히려 전체 학생들의 평균 향상에 더 치중하는 양상을 보였다. 이에 듀이는 1896년에 시카고 대학 실험학교를 설립하고 학생들의 수준을 고려하여 개인 맞춤형 학습을 진행함으로써 완전학습을 실현하기 위한 다양한 연구를 진행했다.

이런 흐름에 맞춰 개인 맞춤형 학습을 구현할 수 있는 다양한 형태의 자동학습기(Teaching Machines)도 등장했다. 최초의 자동학습기는 1920년대에 오하이오 대학교 철학과 교수였던 시드니 프레시(Sidney L. Pressey)에 의해 개발됐다. 프레시의 자동학습기는 다지 선다형 문제 출제가 가능했으며 정답을 맞춰야만 다음 문제로 넘어갈 수 있는 구조로 기본적인 수준의 완전학습을 구현해냈다.

이후 1950년대 후반에 미국의 행동주의 심리학자 B. F. 스키너(Burrhus Frederic Skinner) 박사는 프로그램화된 학습(Programmed Learning) 방식으로 개별 학생의 수준에 따라 차별화된 학습을 진행할 수 있도록 정교한 자동학습기를 개발했다. 특히 스키너의 자동학습기는 학생 스스로 시험 문제의 난이

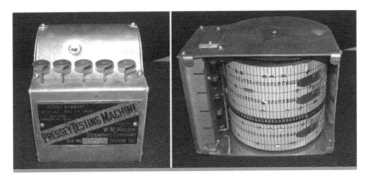

시드니 프레시 교수가 개발한 최초의 자동학습기(Teaching machine)
(출처: slate, https://slate.com/technology/2015/10/the-history-of-learning-machines-from-sidney-presser-and-b-f-skinner-to-mcgraw-hill.html)

스키너 박사의 자동학습기
(출처: 위키미디아, https://commons.wikimedia.org/wiki/File:Skinner_teaching_machine_01.jpg)

진정한 학습자 중심의 교육을 찾아서

도를 조정할 수 있도록 설계됐다. 심지어 제시된 문장 중 빈 칸에 들어갈 단어를 채우는 방식의 단답형 문제까지 채점을 할 수 있었다.

'완전학습'이라는 용어는 미국 교육심리학자 벤자민 블룸 박사가 1968년에 발표한 〈완전학습(Learning for Mastery)〉이라 는 논문에서 처음 소개된 이후로 교육 현장에서 널리 활용되 기 시작했다. 그동안 학교 교실 안에는 해당 수업 과목에 대 한 이해도가 천차만별인 학생들이 앉아 있음에도 불구하고 대부분의 교사들은 학생들의 이해도와 상관없이 교사가 준 비한 교안대로만 수업을 진행했다. 이에 블룸 박사는 모든 학생들이 완전학습을 성취하는 것을 교육 목표로 설정하고 이를 달성하기 위한 제반적 지원책을 마련해야 한다고 주장 했다. 또한 블룸 박사는 논문에서 지식점검퀴즈 같은 형성평 가(Formative Assessments)를 연속적으로 시행한 결과를 토대로 충분한 학습 시간을 제공하여 개별 학생들을 위한 맞춤형 학 습을 진행해야 한다고 했다. 그래야만 학생들이 수업에서 배 워야 할 내용의 90%를 이해하는 완전학습을 이룰 수 있다고 말했다.

블룸 박사는 앞서 학습의 6단계 분류학을 제시한 사람이 기도 하다. 그는 완전학습을 실현하기 위해서는 학습의 6단계 분류학 중 하위 영역에 속하는 기억하고 이해하는 학습은 매우 중요하다고 주장했다. 왜냐하면 기본 개념에 대한 지식을 완전히 학습하지 못하게 되면 개념을 현실에 적용하고, 분석하고, 평가하고, 창조하는 상위 영역의 학습 활동을 진행하기가 어렵기 때문이다.

예를 들어, 물리학 수업에서 작용·반작용의 법칙을 배웠다면, 우선 그에 대해 이해하고 기억할 수 있어야 한다. 그래야만 작용·반작용의 법칙을 실생활 문제에 적용하고, 분석하고, 평가해서 새로운 해결책을 창조해 내는 액티브 러닝에 참여할 수 있기 때문이다. 만약 작용·반작용의 법칙이 어떤 내용인지 전혀 모르는 학생이 있다면 그 학생에게 이 개념을 활용하는 상위 영역 학습 시간은 무의미한 시간이 될 것이다.

따라서 인공지능 프로그램과 에듀테크, 학습 분석 등을 활용해서 수업을 설계할 때는 기억하고 이해하는 하위 영역의 학습 활동이 완전학습이 될 수 있게 구성하는 것이 중요하다. 특히 챗GPT 같은 인공지능 프로그램들은 학생이 똑같은 질문을 수십 번을 해도 다시 설명하며 학생이 이해할 때까지 도울 수 있다. 그래서 지식의 기억과 이해를 도와 개인 맞춤형 학습을 위한 효과적인 도구로 활용할 수 있다. 또한 학생들은 잘 이해되지 않는 부분에 대해서 인공지능 프로그램에 계속 질문하며 메타인지 능력을 기를 수 있다. 질문하기 위해 스스로 고민하다 보면 알고 있는 부분과 모르는 부분을 구별할 수 있기 때문이다. 그런 면에서 생성형 인공지능의 등장은 완전학습의 시대를 실현하기 위한 기폭제가 될 것이다.

이전에도 개인 맞춤형 학습의 중요성이나 필요성에 대해서는 교사나 교육계 관계자, 학생이나 부모 등 모두 인식하고 있지만 구현하는 데에 있어서 현실적인 제약이 있었다. 첫째, 개별 학생들의 수준에 따른 다양한 학습 콘텐츠를 교사 개인이 만들기에는 시간적, 기술적 한계가 있다. 학생들의 이해를 돕기 위한 자료로 동영상 강의를 만드는 상황을 가정하면, 제작 기술에 대해 교사가 새로 학습해야 한다는 문제가 있다. 그뿐만 아니라 각 학생들의 이해 수준에 알맞은 다양한 동영상 강의를 제작하기 위한 준비를 하려면 너무 많은 시간과 노력이 투입된다.

둘째, 개별 학생들의 이해 수준을 측정하기가 쉽지 않다. 학생 개개인의 수업별 이해 수준을 측정하기 위해서는 학습 평가 도구의 정교화와 에듀테크나 학습 분석 등 분석 도구 활용을 위한 예산 지원 등이 선행되어야 하기 때문이다.

셋째, 학생들의 해당 수업 내용에 대한 이해 수준별 학습 경로의 다각화가 이뤄져야 하는데 교사 혼자 한 학기 전체 과정에 대한 수준별 학습 경로를 작성하는 것은 어렵다. 교육포럼이나 교사 연구회 등을 활용해 교육공학 전문가들과 함께 과목별로 학생 수준에 따른 학습 경로를 구축하기 위한 지원과 환경이 마련되어야 교사들이 바로 적용 가능한 학습 경로를 도출할 수 있다.

마지막으로 필요하면 학생들이 자신의 이해 수준에 맞게 학습할 수 있도록 충분한 시간을 제공할 수 있는 제도적 지원이 마련되지 않았다. 아무리 잘 구성된 개인 맞춤형 학습 프로그램이 있어도 학생들이 완전학습에 도달하기 위해 학습 시간을 충분히 쓸 수 없다면 무용지물이 된다.

챗GPT와 같은 생성형 인공지능 프로그램들은 기존의 여러 현실적인 제약에 대한 해결책을 제시한다. 인공지능 프로그램을 활용하면 개별 학생 수준에 따라 다양한 학습 콘텐츠를 제공할 수 있다. 또한, 학생들 스스로 자신이 이해하기 어려운 부분을 생성형 인공지능 프로그램에 질문하면 교사가 학생들의 이해 수준을 따로 측정하지 않아도 학생들은 개인 맞춤형 학습 콘텐츠를 제공받을 수 있다. 학생들이 인공지능 프로그램들과 문답하며 상호작용하는 과정 자체가 개별 학생별 맞춤형 학습 경로가 되기 때문이다. 무엇보다도 학생들은 스마트폰이나 태블릿 PC 등을 활용해 언제 어디서든 시간과 장소의 제약 없이 챗GPT와 같은 생성형 인공지능 프로그램에 접속해 궁금한 내용을 묻고 답을 얻을 수 있다. 그렇기 때문에 완전학습에 도달하기 위한 학습 시간 활용에 좀 더 자유로울 수 있다. 따라서 인공지능과 경쟁하려 하거나 사용 자체를 금지하기보다는 완전학습을 실현하기 위한 도구로 잘 활용하는 방안을 모색하기 위한 노력을 해야 할 것이다.

빅데이터로 학생의 성적을 예측하는
학습 분석 기술

　인공지능과 빅데이터 기술이 발달하면서 교육적으로 주로 활용된 분야가 있다. 바로 학습 분석 분야다. 2000년대 초반부터 미국이나 유럽 등지의 여러 대학들에서 초기 학습 분석과 관련한 연구를 경쟁적으로 진행하다 2009년 미국 퍼듀 대학교에서 처음으로 '시그널스(Signals)'라는 학습 분석 프로그램을 상용화해 발표했다. 활용되면서 학업 성취도가 낮을 가능성이 높은 고위험군 학생들을 조기에 발견하고 학생들의 중도 탈락을 막는다는 취지였다.

　퍼듀 대학교의 시그널스는 개강 후 2주 이내에 고위험군 학생을 미리 예측하고 학생에게 경고 메시지를 전달한다는 획기적 콘셉트로 교육계에서 뜨거운 관심과 주목을 받았다. 특히 빨강, 파랑, 노랑의 신호등 색깔을 이용해 직관적으로 표현했다는 점에서 호평을 받았다. 학기 초부터 학생들의

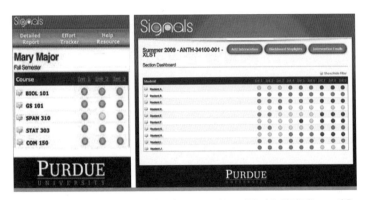

퍼듀 대학교 학습 분석 프로그램 '시그널스(Signals)' 모바일 사용 화면(좌), PC 사용
화면(우)

(출처: 퍼듀 대학교, HYPERLINK "https//www.purdue.edu/uns/x/2009b/090827Ar-
noldSignals.html"https://www.purdue.edu/uns/x/2009b/090827ArnoldSignals.
html, HYPERLINK "https//www.purdue.edu/idata/Services/Accreditation/2010/
images/criterion/fig_3_6.png"https://www.purdue.edu/idata/Services/Accredita-
tion/2010/images/criterion/fig_3_6.png

학기 말 예상 성적을 미리 예측하기 위해 시그널스는 온라
인상에서 수집할 수 있는 여러 데이터를 학습했다. 학습관리
시스템 접속 정보, 과제물 제출 여부와 제출 시간, 온라인 토
론 참여 시간, 학습용 자료 다운로드 횟수 등 온라인 학습 패
턴과 관련한 데이터를 분석했다. 그 밖에도 성별, 나이, 학년,
국적, 인종, 경제 수준, 고등학교 성적, 대학입학시험 성적,
직전 학기 성적, 아르바이트 근무 여부 등 기존 문헌 연구를
통해 밝혀진, 학습에 영향을 미치는 100여 가지가 넘는 항목
을 함께 분석해 예측 결과의 정확성을 높였다.

퍼듀 대학교의 시그널스처럼 1세대 학습 분석 프로그램은 학습 결과를 가장 빨리 예측하는 것에 초점이 맞춰져 있다. 하지만 최근 빅데이터 기반 혁신교육은 1세대 학습 분석 프로그램에서 한 단계 진화되어 개별 학생의 학습 현황을 파악하는 데 그치지 않는다. 학습성취를 향상시키기 위한 개인 맞춤형 학습까지 지원하는 2세대 학습 분석 프로그램을 개발하는 데에 중점을 두고 있다.

교육용 빅데이터 분석에는 기술적 분석(Descriptive Analytics), 진단 분석(Diagnostic Analytics), 처방적 분석(Prescriptive Analytics), 예측 분석(Predictive Analytics) 총 4가지 분석 방법으로 이루어져 있다. 첫째, 기술적 분석은 매시간 수집되는 빅데이터 현황을 보여 주는 기초 단계다. 둘째, 진단 분석은 이미 수집된 데이터를 분석해 어떤 현상에 대한 원인과 결과를 찾는 과정이다. 셋째, 처방적 분석은 진단 분석을 통해 얻은 결과를 이용해 추후에 필요한 적절한 교육 방향을 제시해 주는 분석 방법이다. 진단 분석과 비슷하게 보일 수 있으나 과거 현상에 대한 원인과 결과를 추출하는 데에서 끝나지 않는다는 차이가 있다. 마지막으로 예측 분석은 이미 수집된 데이터와 실시간 수집되는 빅데이터를 함께 분석하여 미래에 어떤 결과가 발생할 것인지 예측하는 기능을 수행한다. 교육용 빅데이터 분석을 통해 위험군 학생을 조기에 발견할 수 있다.

따라서 생성형 인공지능의 시대에 필요한 인재를 양성하기 위해서는 어느 한 가지 분석 방법만 활용하는 것이 아니라 4가지 분석 방법을 종합적으로 활용함으로써 교육의 과거와 현재, 그리고 미래를 동시에 분석하는 통찰이 요구된다. 기술적 분석, 진단 분석, 처방적 분석, 예측 분석 순으로 교육용 빅데이터를 분석하고 그 결과를 토대로 교육적 처방을 한 다음 개별 학생의 학습성취에 따라 다시 같은 과정을 반복하는 교육용 빅데이터 분석 사이클을 거듭하면서 지속적으로 학생들의 학습을 지원하는 작업이 필요하다.

예를 들어 기술적 분석을 통해 고위험군 학생을 발견한 경우, 진단 분석을 통해 해당 학생이 무슨 이유로 고위험군이 되었는지 원인을 분석한다. 그리고 진단 분석에서 발견된 원인별로 해당 학생의 유형에는 어떤 교육적 처방을 내려야 하는지 결정하게 된다. 만약 그 원인이 학업 시간 부족과 수업 주제에 대한 기초 지식 부족, 과제물 제출 마감 시간 초과 등이었다면 학업 시간을 확보할 방안을 제시하거나 기초 지식을 보완하는 방법을 알려 주는 등 처방적 분석을 진행할 수 있을 것이다.

마지막으로 예측 분석에서는 고위험군 학생이 처방대로 공부 시간을 늘리고 수업과 관련한 기초 지식을 공부하고 과제물을 마감 시간 안에 제대로 제출했을 때와 처방대로 하지 않았을 때로 나누어 해당 학생의 학기 말 성적을 예측한다. 이런 과정을 일회성으로 끝내는 것이 아니라 학기 내내 진행하면서 고위험군 학생이 학기 말에 좋은 성적을 얻을 수 있도록 지속적으로 진단과 처방을 거듭한다. 이 과정에서 학습 분석 프로그램은 끊임없이 학생 개개인에 대한 데이터를 학습하는 머신러닝 과정을 통해 점점 더 정확한 예측과 효과적인 처방을 내릴 수 있게 된다.

요약하자면, 2세대 학습 분석 프로그램은 고위험군 학생의 조기 발견과 미래 학습 결과에 대한 빠르고 정확한 예측에 초점이 맞춰져 있던 1세대 학습 분석 프로그램과 다르다. 2세대 학습 분석 프로그램에서는 인공지능, 에듀테크, 유비쿼터스 기술과 인터넷 정보통신 기술 등을 활용해 매 순간 발생하는 교육용 빅데이터 학습 분석을 진행한다. 이를 통해 빅데이터 기반 개인 맞춤형 학습을 제공함으로써 개별 학생들의 수업 내용에 대한 숙련도와 이해도를 향상시켜 완전학습 구현이 가능해질 전망이다.

5장

챗GPT,
일상 속 교육을 돕다

모든 아이들에게
일대일 맞춤형 교육을 진행하는 시대

챗GPT와 같은 생성형 인공지능 프로그램의 시대에 학교교육, 대학교육, 직업교육, 기업교육 등 분야별로 교육은 어떻게 달라질까? 대표적인 생성형 인공지능 프로그램인 챗GPT는 복잡한 수식도 척척 풀어내고 어려운 증명문제도 몇초 내에 자세한 설명과 함께 증명해 내며 글쓰기 주제를 제시하면 금방 시, 소설, 수필, 학술논문, 에세이 등 질문자가원하는 대로 완성된 글을 써 내려간다. 영화 속 먼 미래 이야기 같았던 시대가 눈앞에 다가온 지금, 우리는 어떻게 가르치고 배워야 할까? 이번 장에서는 각 분야에서의 교육 방향에 대해 챗GPT를 예시로 살펴보고자 한다.

우선 학교교육의 변화에 대해서 알아보자. 앞 장에서도기술했듯이 초중고 학교교육은 1차 산업혁명 당시 근대 공교육이 시작된 이후로 100년이 넘도록 똑같은 모습을 유지하고 있다. 교사는 지식의 전달자로서 다수의 학생들에게 똑같은 수업 내용을 가르치고 이해와 암기 위주의 시험을 본 결과를 토대로 학생들을 평가해 왔다. 기존의 교육과정에서는 학생들 개개인의 학습 진도를 고려하기는 어려웠다. 그래서 교사들은 평균점수 수준에 맞춰 수업해 왔다. 이런 공교육의 한계점 때문에 학습의 주체가 되어야 할 학생들이 오히려 학습의 객체가 되어 버리기 시작했다. 수업에서 배워야 할 내용을 완전히 학습하지 못했음에도 불구하고 학기가 끝나는 일도 발생했다. 하지만 챗GPT와 같은 생성형 인공지능 프로그램을 활용하면 학교교육은 교육의 본질을 찾는 방향으로 달라질 수 있다.

첫째, 인공지능 프로그램을 활용하면 각 학생들의 학습수준, 흥미, 성향 등에 따라 개인 맞춤형 학습을 제공할 수 있다. 예를 들어, 뉴턴의 만유인력의 법칙에 대해서 배우는 경우 그중 이해되지 않는 부분이 있을 수 있다. 그러나 수업 중에는 시간적 제약 때문에 궁금한 내용을 다 물어보기가 어려운 경우가 많다. 이때 챗GPT와 같은 생성형 인공지능 프로그램을 사용하면 궁금한 내용을 전부 다 물어보고 학생의 수준에 맞춰 설명을 들을 수 있다.

즉, 교사가 정한 획일적인 학습 경로를 모든 학생들에게 적용하는 기존의 학습 방식을 탈피하고 학생들이 자신만의 학습 경로에 맞춰 교과목 내용을 완전히 학습할 수 있다. 또한, 학생들이 인공지능 프로그램을 통해 개별적으로 학습을 진행하더라도 학습 과정이 담긴 링크를 교사에게 공유한다면 교사가 학생들의 학습현황에 대해 파악하고 앞으로의 수업을 계획할 때 도움을 받을 수 있다. 그렇기 때문에 챗GPT와 같은 생성형 인공지능 프로그램의 시대에 교사의 역할은 더욱 중요해질 것이다.

둘째, 1년 365일, 하루 24시간 동안 학생들이 궁금할 때마다 언제든 사용 가능한 생성형 인공지능 보조교사 서비스를 제공할 수 있다. 학습에 있어서 학습동기(Motivation)는 매우 중요한 역할을 한다. 학습동기를 가장 고취시키는 방법은 궁금한 순간에 바로 설명을 해 주는 것이다. 그런데 현재 교육 환경은 학생들이 밤에 공부하다가 궁금한 점이 생기면 메모를 해 뒀다가 다음 날 아침 학교에 가서 선생님께 물어봐야 하는 구조이다. 그렇기 때문에 언제든 궁금한 내용을 묻고 답을 얻을 수 있는 생성형 인공지능 보조교사는 학생들의 학습성취뿐만 아니라 학습동기 강화에 도움을 줄 수 있다.

셋째, 학생들의 의사소통 능력을 향상시킬 수 있다. 챗GPT와 같은 생성형 인공지능 프로그램은 대화형 학습을 지원한다. 따라서 학생들 자신의 말투로 궁금한 내용에 대해 인공지능 프로그램과 대화하듯 물어볼 수 있다. 이렇게 상호작용하는 동안 학생들은 자신이 원하는 바를 정확히 표현하게 되어 의사소통 능력을 강화할 수 있다. 또한, 챗GPT와 같은 생성형 인공지능 프로그램들을 통해 자신이 작성한 문장이나 글에 대한 피드백을 받아 문법적, 문맥적 표현력도 키울 수 있다. 이렇게 생성형 인공지능 프로그램과 질문하고 대화하는 과정을 통해 학생들은 적극적으로 자신의 의사를 표현할 수 있게 된다. 이로 인해 호기심을 극대화하고 지식을 탐구하는 능력을 향상시킬 수 있게 된다.

넷째, 학생들의 창의적 문제해결 능력을 키울 수 있다. 생성형 인공지능 프로그램들은 주어진 주제에 따라 창의적인 아이디어와 여러 가지 문제해결 방식을 제공할 수 있다. 이를 토대로 수업 교안을 개발하면 학생들에게 창의성을 키울 수 있는 다양한 학습 활동을 제공할 수 있다. 지금도 수업에서 배운 본문 내용을 챗GPT에 입력하면 창의적인 문제해결 능력을 키울 수 있도록 교사나 학생의 필요에 따라 에세이 주제, 프로젝트, 토론 수업 등 여러 종류의 학습 활동 사례를 제공받을 수 있다.

특히 챗GPT와 같은 생성형 인공지능 프로그램들은 단순히 학습 활동에 대한 다양한 사례만 제시하는 것이 아니다. 학습 결과의 평가 및 개인 맞춤형 피드백 제공까지 가능하다. 그렇기 때문에 학습의 시작과 끝을 학생들과 함께 하며 학습효과를 극대화할 수 있는 역할을 수행한다.

다섯째, 개인 맞춤형 프로그래밍 및 코딩교육을 실시할 수 있다. 챗GPT와 같은 생성형 인공지능 프로그램들은 프로그래밍이나 코딩의 개념에 대해 전혀 모르는 학생들도 이해하기 쉽게 개별 학생의 수준에 맞춰 잘 설명할 수 있다. 또한 개발하고자 하는 프로그램에 대한 설명을 자세히 입력하면 파이썬이나 R, Java, C++ 등 다양한 프로그래밍 언어로 코드를 작성해 준다. 파이썬으로 작성한 코드를 R로, R로 작성한 코드를 파이썬으로 바로 전환해 주기도 한다. 게다가 학생들이 작성한 프로그래밍 코드를 입력하면 그 안에서 오류를 찾아주거나 보다 효율적인 코드로 수정할 수 있도록 피드백을 제공한다. 이렇게 기초부터 전문가 수준까지 다양한 학생들을 대상으로 프로그래밍 및 코딩교육이 가능하기 때문에 디지털 대전환의 시대에 개별 학생들의 디지털 리터러시(Digital Literacy)를 향상시기키 위한 도구로 활용할 수 있다.

마지막으로 챗GPT와 같은 생성형 인공지능 프로그램들은 강의 계획안 작성이나 개선, 학습 목표 도출, 수업 콘텐츠 및 평가도구 개발, 학생별 맞춤형 피드백 제공 등 교사의 업무를 지원하는 역할도 수행할 수 있다. 예를 들어 초등학교 5학년 생물 수업에서 다양한 생물과 우리 생활의 관계에 대해 1시간 동안 수업을 진행하는 경우 교사는 챗GPT와 같은 생성형 인공지능 프로그램들을 활용해서 다음과 같이 강의계획안 작성, 4지 선다형 및 서술형 평가 문제 도출, 강의내용 초안 작성, 토론 질문 예시 등에 대한 도움을 얻을 수 있다.

다만 인공지능이 제시하는 내용은 참고용으로만 사용하고, 교사의 전문가적 관점을 토대로 내용의 신뢰성과 적절성을 평가한 후에 활용하는 것이 좋다. 아무리 뛰어난 능력을 보유한 인공지능 프로그램이 있어도 교육에 있어서는 학생들에 대한 충분한 이해와 교육에 대한 열정을 지닌 인간 교사와는 비교할 수 없기 때문이다. 또한, 인공지능 프로그램을 사용할 때 일회성으로 끝내는 것이 아니라 지속적으로 대화를 진행해 제시되는 답변의 정교화 과정을 진행하는 것이 좋다. 답변 결과를 링크 공유하기 기능으로 다른 교사에게 공유해 피드백을 받는 것도 도움이 될 것이다.

챗GPT를 사용한 개인 맞춤형 학습 예시:
'뉴턴의 만유인력' 개념 학습

다음과 같이 챗GPT를 이용하면 학생들은 개인의 관심과 흥미, 이해 수준에 따라 만유인력의 법칙에 대해 배울 수 있다. 만유인력의 법칙 속 변수들에 대해 세부적인 내용을 물을 수 있고, 만유인력의 법칙이 실생활에서 쓰이는 분야에 대해서도 학습할 수 있다. 만유인력의 법칙에 대한 완전학습 수준에 다다를 수 있는 것이다.

A1 뉴턴의 만유인력의 법칙은 물리학에서 중력에 대한 기본적인 법칙으로 알려져 있습니다. 이 법칙은 17세기에 영국의 과학자인 아이작 뉴턴(Sir Isaac Newton)에 의해 발견되었으며, 그의 《자연 철학의 수학적 원리(Philosophiæ Naturalis Principia Mathematica)》라는 저서에서 제시되었습니다.

뉴턴의 만유인력의 법칙은 다음과 같이 설명됩니다. 두 물체 사이의 인력은 두 물체의 질량과 거리에 비례하며, 이들 사이의 방향은 항상 두 물체를 연결하는 직선상에 있습니다. 더 구체적으로는 다음과 같은 수식으로 표현됩니다:

$$F = G \times (m_1 \times m_2) / r^2$$

여기서,

F는 두 물체 사이의 인력을 나타내는 벡터입니다.
G는 만유인력 상수로, 약 $6.67430 \times 10^{\wedge}(-11)$ $N \cdot (m/kg)^2$의 값입니다.
m_1과 m_2는 각각 두 물체의 질량입니다.
r은 두 물체 사이의 거리입니다.

이 법칙은 모든 물체 사이에서 서로 인력을 발생시킨다는 것을 의미합니다. 예를 들어, 지구의 질량은 크기 때문에 우리 주위에 있는 물체들에게 중력을 발생시킵니다. 지구의 인력은 우리가 땅에 붙어 있는 이유이기도 합니다. 또 다른 예로는 태양의 질량이 우리 태양계의 행성들을 중력으로 끌어당기는 것이 있습니다.

이 법칙은 우주의 크고 작은 물체들 간의 상호작용을 설명하며, 천문학뿐만 아니라 지구상의 사물들 간의 상호작용도 설명할 수 있습니다. 또한, 이 법칙은 뉴턴의 운동 법칙과 결합되어 우리가 평소에 경험하는 많은 현상들을 설명하는 데 사용됩니다.

Q2 중학교 2학년 수준에 맞춰 설명해 줘.

A2 뉴턴의 만유인력의 법칙은 물체들 사이에 작용하는 중력에 대한 법칙입니다. 이 법칙은 아이작 뉴턴에 의해 발견되었으며, 두 물체 사이의 질량과 거리에 따라 중력의 크기가 결정된다는 것을 말합니다.

중학교 2학년 수준으로 설명하자면, 만유인력의 법칙은 다음과 같이 이해할 수 있습니다. 모든 물체는 서로에게 인력을 발생시킵니다. 이 인력은 물체의 질량이 클수록 강해지고, 물체 사이의 거리가 가까울수록 강해집니다.

예를 들어, 우리가 지구에 서 있는 이유는 지구가 우리를 끌어당기는 중력 때문입니다. 지구의 질량이 매우 크기 때문에 우리 주위에 있는 모든 물체들에게 중력을 발생시킵니다. 그래서 우리는 땅에 붙어있는 것처럼 느껴집니다.

또 다른 예로는 공을 던져서 날리는 경우를 생각해 보겠습니다. 공을 던지면 지구의 중력이 그 공을 아래로 끌어당기기 때문에 공은 떨어지는 것입니다. 이때, 공을 던지는 힘이 중력의 크기보다 강하다면 공은 위로 올라갈 수 있습니다. 그러나 힘이 중력보다 약하다면 공은 아래로 떨어지게 됩니다.

이렇게 뉴턴의 만유인력의 법칙은 물체 사이의 중력에 대해 설명하며, 두 물체의 질량과 거리에 따라 중력의 크기가 결정된다는 것을 알려줍니다.

Q3 그런데 m_1과 m_2가 왜 물체의 질량이지?

A3 m_1과 m_2는 뉴턴의 만유인력의 법칙에서 두 물체의 질량을 나타내는 변수입니다. 질량은 물체가 가진 물질의 양을 나타내며, 그 크기는 물체 내부의 입자 수와 입자의 질량에 의해 결정됩니다. 질량은 킬로그램(kg) 단위로 측정됩니다.

뉴턴이 두 물체 사이의 중력을 설명할 때 질량을 사용한 이유는 질량이 물체와 중력 사이의 상호작용을 결정하는 주요한 요소 중 하나라고 이해했기 때문입니다. 질량이 클수록 물체는 더 많은 물질을 가지고 있으며, 그에 따라 중력의 크기도 커집니다. 따라서, 질량이 중력에 직접적인 영향을 주는 것으로 간주됩니다.

뉴턴은 자신의 실험과 관찰을 통해 두 물체 사이의 중력이 질량과 거리에 비례한다는 법칙을 찾아냈습니다. 이를 표현하기 위해 m_1과 m_2라는 변수를 사용하여 두 물체의 질량을 나타내고, 이들의 곱인 $m_1 \times m_2$로 중력의 크기를 결정합니다. 따라서, 질량은 뉴턴의 만유인력의 법칙에서 중요한 개념이며, 두 물체 사이의 중력을 이해하는 데 핵심적인 역할을 합니다.

A4 좋은 질문입니다! r은 두 물체 사이의 거리를 나타내는 변수
입니다. r을 제곱하는 이유는 뉴턴의 만유인력의 법칙에서
중력의 감쇠율을 나타내기 위해서입니다.

만유인력의 법칙에 따르면, 두 물체 사이의 중력은 거리의
제곱에 반비례합니다. 이는 중력이 두 물체 사이의 거리가
멀어질수록 약해지는 현상을 설명합니다.

두 물체 사이의 거리 r이 제곱되면, 거리가 커질수록 제곱 값
이 더욱 크게 증가합니다. 따라서, 거리의 제곱에 반비례하는
것은 중력의 크기가 거리가 멀어질수록 약해진다는 것을 의
미합니다. 이는 두 물체 사이의 중력이 점점 작아진다는 것
을 나타냅니다.

따라서, 뉴턴의 만유인력의 법칙에서 r을 제곱하여 사용하는
이유는 중력의 감쇠를 설명하고, 두 물체 사이의 거리가 멀
어질수록 중력의 크기가 감소함을 나타내기 위해서입니다.

A5 벡터는 크기와 방향을 가지는 양(Quantity)을 나타내는 개념입니다. 벡터는 물리학뿐만 아니라 수학과 다양한 과학 분야에서 널리 사용되는 개념입니다.

벡터는 화살표로 표현될 수 있으며, 화살표의 길이는 벡터의 크기를 나타내고, 화살표의 방향은 벡터의 방향을 나타냅니다. 벡터는 수학적으로 좌표로 표현될 수도 있습니다. 일반적으로 벡터는 짧은 알파벳 소문자로 표기하며, 위에 화살표(→)를 붙여서 나타낼 수 있습니다.

예를 들어, 속도는 벡터입니다. 속도는 크기(얼마나 빠른지)와 방향(어느 방향으로 움직이는지)을 가지고 있습니다. 이 경우, 속도 벡터는 화살표로 표현될 때 길이는 속력을 나타내고, 방향은 움직이는 방향을 나타냅니다.

벡터는 다양한 연산을 수행할 수 있습니다. 예를 들면, 벡터의 덧셈, 뺄셈, 스칼라(실수)와의 곱셈, 내적 등이 있습니다. 벡터는 공간에서의 위치, 운동, 힘, 가속도 등을 나타내는 데 사용될 수 있습니다.

물리학에서 벡터는 운동, 힘, 힘의 방향, 중력, 전기장 등과 같은 다양한 물리적 양을 설명하는 데 사용됩니다. 벡터의 개념은 이해해야 하는 많은 물리적 현상을 이해하는 데 필수적인 개념입니다.

Q6 만유인력의 법칙은 실생활에서 어디에 사용되는지 예를 들어 줘.

A6 만유인력의 법칙은 실생활에서 다양한 예시에서 사용됩니다. 몇 가지 예시를 들어보겠습니다.

우주 비행: 우주 비행체(인공 위성, 우주선 등)의 궤도 설계 및 운동 경로 계산에 만유인력의 법칙이 사용됩니다. 행성, 달, 별들 사이의 중력을 고려하여 정확한 궤도를 계획하고 운동을 제어합니다.

천문학: 천문학에서는 만유인력의 법칙을 통해 행성들의 운동 경로, 태양계의 구조, 별들 사이의 상호작용 등을 이해하고 예측합니다.

건축물 설계: 건물이나 다리 등의 건축물 설계에서는 무게와 중력을 고려해야 합니다. 만유인력의 법칙을 사용하여 건물

의 구조물이 안전하게 설계되고 중력에 의한 하중을 견딜 수 있도록 합니다.

물체의 낙하: 만유인력의 법칙은 물체의 자유 낙하를 설명하는 데 사용됩니다. 예를 들어, 물체가 공중에서 자유로이 떨어질 때 중력에 의해 가속되는 것을 설명하고, 낙하 속도나 떨어지는 거리를 계산하는 데 사용됩니다.

인공위성 통신: 통신 위성은 지구의 중력에 의해 궤도를 유지하며, 만유인력의 법칙을 활용하여 정확한 궤도를 계획하고 통신 신호를 안정적으로 전달합니다.

이러한 예시들은 만유인력의 법칙이 우리 주변의 현상을 설명하고, 다양한 분야에서 중요한 역할을 하고 있음을 보여줍니다.

챗GPT를 사용한 창의적 문제해결 예시:
교과 개념 학습 및 기타 활동

'고구려의 팽창과 영토 확장'에 관한 역사 지식을 수업 시간에 배웠다고 가정해 보자. 챗GPT에 역사 지식에 관한 내용을 입력하고, 그에 대한 요구사항을 입력하면 된다. 그러면 학생들은 교과 학습 과정을 따라오면서 동시에 자신의 핵심 역량을 개발할 수 있다. 학생은 수업 내용을 바탕으로 사고를 확장시킬 수 있으며, 교사는 자신이 담당하는 학생들에게 적합한 활동을 찾고 수업 과정을 개발하는 시간을 효과적으로 줄일 수 있다.

Q1 고구려의 팽창과 영토 확장에 대한 아래 글 내용을 토대로 고등학교 1학년이 창의적인 문제해결 능력을 키울 수 있는 에세이 주제 예시를 5가지 제시해 줘.

고구려의 팽창

압록강의 중류 유역에서 일어난 고구려는 불리한 지리적 환경을 극복하고 중국 세력을 물리치면서 발전해 나갔다. 3세기 동천왕 때에 고구려는 중국과 낙랑군을 연결하는 서안평을 공격하였다. 그러나 오히려 위나라의 반격을 받아, 한때 수도인 국내성까지 함락되는 어려움을 겪기도 하였다.

4세기 초 미천왕 때에는 낙랑군을 공격하여 중국 세력을 완전히 몰아내고, 고조선의 옛 땅을 되찾았다(313). 그러나 고국원왕 때에는 서쪽으로부터 전연, 남쪽으로부터 백제의 침략을 받아 큰 타격을 받기도 하였다. 이에 4세기 후반 소수림왕 때에는 나라의 위기를 극복하기 위해 전진과 평화적인 외교 관계를 맺고 체제 정비에 힘썼다.

이를 바탕으로 하여 광개토 대왕은 영토를 크게 넓혀 고구려의 전성 시대를 열었다. 그의 업적은 만주의 집안시에 남아 있는 광개토 대왕릉비에 기록되어 있다. 이때 고구려는 요동

지방을 포함한 만주 대부분의 땅을 차지하였으며, 남쪽으로는 백제를 정벌하여 한강 이북의 땅을 점령하였다. 또, 5만의 군사를 신라에 보내어, 침입한 왜군을 낙동강 유역에서 물리쳤다.

광개토 대왕의 뒤를 이은 장수왕은 중국의 남북조를 견제하는 한편, 수도를 평양성으로 옮겨(427) 고구려의 발전에 새로운 전기를 마련하였다. 장수왕의 평양 천도는 왕권 강화뿐만 아니라 남진 정책을 적극적으로 추진하기 위한 조치였다. 이어 장수왕은 백제를 쳐서 한강 유역을 차지함으로써 삼국간의 항쟁에서 주도권을 잡게 되었다. 이때의 고구려 세력은 한반도 중부 이남에까지 미쳤는데, 이러한 사실은 충원 고구려비를 통해서 알 수 있다. 이 무렵의 고구려는 동북 아시아의 최강국으로서, 우리 민족을 중국 세력의 침입으로부터 막아 주는 방파제의 역할을 하였다.

A1 에세이 주제 제안:

1) "고구려의 팽창 전략과 현대 기업의 글로벌 시장 진출"
고구려가 어떤 전략과 접근 방식을 사용하여 팽창하고 성공한 것일까?
현대 기업이 고구려의 팽창 전략에서 어떤 교훈을 얻을 수 있을까?

2) "고구려의 영토 확장과 국가 안보 전략"
고구려의 영토 확장이 국가 안보를 어떻게 강화했는지 살펴
보고, 현대 국가의 안보 전략과 비교해 보자.
현대 국가가 고구려의 안보 전략에서 어떤 요소를 적용할 수
있을까?

3) "고구려의 외교 전략과 국제 관계"
고구려의 외교 전략이 국제 관계에서 어떤 역할을 했을까?
현대 국가들이 고구려의 외교 전략을 참고하여 국제 관계에
서 어떤 전략을 추구할 수 있을까?

4) "고구려의 지리적 제약 극복과 현대 도시 계획"
고구려가 어떻게 지리적인 제약을 극복했을까?
현대 도시 계획에서 어떤 원칙과 전략을 고구려의 사례에서
배울 수 있을까?

5) "고구려의 문화 교류와 현대 다문화 사회"
고구려의 전성 시대에서 문화 교류가 어떻게 이루어졌을까?
현대의 다문화 사회에서 고구려의 문화 교류 사례를 통해 어
떤 가치를 발견할 수 있을까?

이러한 주제들은 고구려의 팽창과 영토 확장을 바탕으로 다양한 시각과 관점에서 문제해결과 창의적인 사고를 발전시킬 수 있습니다. 학생들이 역사적 사례를 현대 사회와 연결하여 사고하는 능력을 키우는 데 도움이 될 것입니다.

Q2 고구려의 팽창과 영토 확장에 대한 글 내용을 토대로 창의적인 문제해결 능력을 키울 수 있는 프로젝트 예를 제시해 줘. (168~169쪽 내용 생략)

A2 프로젝트 제안: "고구려의 팽창과 영토 확장을 통한 문화 교류"

프로젝트 개요:
이 프로젝트는 고구려의 팽창과 영토 확장에 초점을 맞추어 고구려의 성장과 세력 확장이 어떻게 문화 교류와 관련되었는지를 탐구하는 것입니다. 이를 통해 참여자들은 고구려의 역사와 중요성을 이해하고, 창의적인 문제해결 능력을 키우며 문화 교류의 중요성을 인식할 수 있게 될 것입니다.

프로젝트 목표:

고구려의 팽창과 영토 확장이 문화 교류에 어떤 영향을 미쳤는지 이해한다.

참여자들이 역사적 사실과 데이터를 탐구하고 분석하는 능력을 향상시킨다.

참여자들이 문화 교류의 중요성을 깨닫고, 다른 문화와의 상호작용을 존중하는 태도를 갖추게 한다.

참여자들이 창의적인 방법으로 프로젝트를 구상하고 구현하는 능력을 향상시킨다.

활동 아이디어:

문화 교류 지도 작성: 참여자들에게 고구려의 영토 확장과 주변 지역의 다른 문화와의 상호작용에 대한 지도를 작성하도록 안내합니다. 참여자들은 지도 위에 고구려의 영토, 중국과의 국경, 백제와의 국경 등을 표시하고, 이 지역들과의 문화 교류가 어떻게 발생했는지 설명합니다.

문화 교류 인터뷰: 참여자들을 작은 그룹으로 나누고, 고구려의 영토를 차지한 지역의 다른 문화를 대표하는 인물을 역할로 지정합니다. 참여자들은 자신의 역할에 대해 연구하고, 다른 그룹의 인물과 인터뷰를 진행합니다. 이를 통해 문화 교류의 경험을 공유하고, 역사적 사실을 재현합니다.

문화 교류 전시회: 참여자들은 고구려의 팽창과 영토 확장에 대한 연구 결과물을 전시하는 전시회를 기획하고 구성합니

다. 전시회는 지도, 인터뷰 결과물, 문화 교류를 나타내는 작품 등으로 구성될 수 있습니다. 참여자들은 자신들의 연구를 토대로 창의적인 전시물을 제작하고 관람객들과 공유합니다.

문화 교류 영상 제작: 참여자들은 고구려의 팽창과 영토 확장과 관련하여 짧은 동영상을 제작합니다. 동영상에서는 고구려의 성장과 함께 다른 문화와의 상호작용을 시각적으로 나타내며, 이를 통해 문화 교류의 중요성을 강조합니다. 참여자들은 스토리보드, 촬영, 편집 등 다양한 단계를 거쳐 영상을 완성시킵니다.

프로젝트 결과물:

고구려의 팽창과 영토 확장에 대한 지도 및 설명서

문화 교류 인터뷰 결과물

문화 교류 전시회 혹은 전시물 사진

문화 교류 영상

이 프로젝트를 통해 참여자들은 고구려의 팽창과 영토 확장을 이해하고, 문화 교류의 중요성과 다양성을 경험하며, 창의적인 문제해결 능력을 향상시킬 수 있을 것입니다.

Q3 고구려의 팽창과 영토 확장에 대한 글 내용을 토대로 창의적
인 문제해결 능력을 키울 수 있는 토론 수업 예를 제시해 줘.
(168~169쪽 내용 생략)

A3 토론 수업: "고구려의 팽창과 영토 확장: 전략과 도전"

수업 목표:
이 토론 수업은 참여자들에게 고구려의 팽창과 영토 확장에
대한 이해를 높이고, 문제해결과 창의적 사고를 통해 고구려
의 전략과 도전에 관한 논의를 진행하도록 도와줍니다. 이를
통해 참여자들은 역사적 사실과 관련 데이터를 분석하고, 토
론 및 논쟁을 통해 창의적인 해결책을 모색하는 능력을 향상
시킬 것입니다.

수업 구성:
1) 사전 조사: 참여자들에게 고구려의 팽창과 영토 확장에 대한
사전 조사 과제를 부여합니다. 참여자들은 역사적 자료와 관
련 연구를 통해 고구려의 전략, 쟁점, 도전에 대한 이해를 높
입니다.
2) 그룹 분배 및 논의 주제 선정: 참여자들을 작은 그룹으로 나
눕니다. 각 그룹은 고구려의 팽창과 영토 확장과 관련된 특
정 주제에 대해 논의할 것입니다. 예를 들어, "고구려의 외교

전략", "중국과의 군사적 대립", "문화 교류의 역할" 등 다양한 주제를 선택할 수 있습니다.

3) 토론 준비: 각 그룹은 주어진 주제에 대한 자료와 관련 논거를 수집하고 분석합니다. 이를 바탕으로 토론에 사용할 주장과 근거를 준비합니다.

4) 그룹 토론: 각 그룹은 주어진 주제에 대한 토론을 진행합니다. 참여자들은 서로의 주장을 듣고 대화하며, 관련 자료와 사례를 활용하여 자신의 주장을 논리적으로 전개합니다. 토론은 토론 주제에 대한 관점의 다양성과 창의성을 고려하여 진행됩니다.

5) 집단 토론: 각 그룹에서 나온 주장과 결론을 모아 전체 참여자들과 함께 집단 토론을 진행합니다. 각 그룹은 자신들의 주장을 발표하고, 다른 그룹의 의견에 대해 반론하며, 공통적인 결론을 도출하는 과정을 거칩니다.

6) 창의적 해결책 모색: 집단 토론 이후, 참여자들은 고구려의 팽창과 영토 확장에 대한 창의적인 해결책을 모색합니다. 이는 역사적 맥락과 현대적인 시각을 종합하여 고려되어야 합니다. 참여자들은 자신들의 아이디어를 공유하고, 협업하여 창의적인 해결책을 도출합니다.

7) 발표 및 토론 평가: 각 그룹은 자신들의 창의적 해결책을 발표하고, 토론 참여자들과의 피드백을 받습니다. 이를 통해 참여자들은 자신의 주장을 설명하고 타인의 의견을 존중하는

방법을 익힐 수 있습니다. 마지막으로, 참여자들은 토론의 질과 창의성을 평가하고 개선점을 도출합니다.

이러한 토론 수업을 통해 참여자들은 역사적 사건을 분석하고 해석하는 능력을 향상시키며, 창의적인 문제해결과 논리적 사고를 발전시킬 수 있을 것입니다.

챗GPT를 사용한 교사 업무 지원 활동 예시

챗GPT는 학습 콘텐츠 개발, 평가 항목 개발 등 여러 방면에서 도움을 주기 때문에 교사들의 업무량이 현저히 줄일 수 있다. 이로 인해 교사는 학생들과의 정서적으로 더 교감하며, 각 학생들이 필요로 하는 것을 파악하여 학습 현황을 진척시킬 수 있다. 그러나 교사는 챗GPT를 '보조 수단'으로만 활용해야 한다는 점을 주의해야 한다. 앞서 이야기했듯 챗GPT는 항상 정확한 정보만을 제시하지 않는 데다, 학생들도 챗GPT를 충분히 활용할 수 있어 챗GPT의 답변을 그대로 학생들을 평가하는 데 이용하면 문제가 생길 수 있다. 그렇기 때문에 교사는 챗GPT의 답변으로부터 필요한 정보와 핵심 요소를 적절히 분별할 수 있어야 한다.

Q1 초등학교 5학년 대상으로 다양한 생물과 우리의 생활의 관계
에 대해 1시간짜리 수업계획서를 작성해 줘.

A1 과목: 생명과학

학년: 초등학교 5학년

수업 시간: 1시간

수업 목표:
학생들이 다양한 생물과 우리의 생활 간의 관계를 이해한다.
생물의 중요성과 생태계의 상호작용에 대해 인식한다.
실생활에서 생물을 적절히 활용하는 방법을 배운다.

수업 계획:
1) 입체감 있는 생물 모형 소개(10분)
   수업을 시작하기 전에, 다양한 생물의 모형을 준비하여 학생
   들의 흥미를 유발한다.
   학생들에게 생물 모형을 보여 주고, 각각이 어떤 생물을 나
   타내는지 추측하도록 유도한다.
2) 생물의 중요성 설명(10분)
   생물이 우리 생활에 어떤 영향을 미치는지 설명한다.

음식, 산소 생산, 약물 개발 등의 예시를 들어 생물의 중요성
을 강조한다.

3) 생태계와 생물 상호작용 이해하기(20분)

생태계의 개념과 생물 간의 상호작용에 대해 설명한다.

식물, 동물, 해양 생물 등 생물들이 서로 어떻게 의존하고 상
호작용하는지 알려 준다.

실제 사례나 사진을 사용하여 예시를 제시하고 학생들에게
생태계의 복잡성을 이해시킨다.

4) 생물 활용 사례 소개(15분)

실생활에서 생물을 어떻게 활용하는지 소개한다.

농업, 의학, 에너지 등 다양한 분야에서 생물이 어떻게 활용
되는지 설명한다.

관련된 사례나 예시를 제시하여 생물 활용의 중요성을 강조
한다.

5) 그림 그리기를 통한 생물 상호작용 이해(15분)

학생들에게 생태계와 생물 상호작용을 그림으로 표현하도록
안내한다.

색연필과 종이를 사용하여 생태계에서의 생물 간 관계를 그
림으로 표현하도록 한다.

학생들이 그림을 통해 상호작용의 복잡성을 이해하고 표현
하는 것을 도와준다.

6) 정리 및 토론(10분)

학생들에게 수업 내용을 정리하고, 자신들이 배운 점을 공유하도록 유도한다.

학생들에게 생물과 우리의 생활 간의 관계에 대해 더 알아보기 위해 노력하도록 격려한다.

질문을 제시하여 학생들 간의 토론을 유도하고, 생물 활용에 대한 아이디어를 공유하도록 도움을 준다.

이 수업을 통해 학생들은 생물과 우리의 생활 간의 관계에 대한 이해를 높이고, 생물의 중요성과 생태계의 상호작용에 대한 인식을 개발할 수 있을 것입니다.

Q2 평가 문제 5가지를 4지 선다형으로 해설과 함께 제시해 줘.

A2 평가 문제:

1. 생물은 우리 생활에 어떤 영향을 미치는가?
   a) 식품 생산과 산소 생산
   b) 건강과 약물 개발
   c) 환경 보호와 생태계 유지
   d) 모두 정답

해설: d) 모두 정답. 생물은 우리의 식품 생산, 산소 생산, 건강 유지 및 약물 개발, 환경 보호 및 생태계 유지 등 우리 생활에 다양한 영향을 미칩니다.

2. 다음 중 생태계의 개념을 올바르게 설명한 것은?
a) 하나의 생물 종의 모임
b) 서로 다른 생물들 간의 상호작용 네트워크
c) 생물들이 서로 경쟁하여 생존을 위해 싸우는 공간
d) 생물들이 서로에게 영향을 주지 않는 독립적인 환경

해설: b) 서로 다른 생물들 간의 상호작용 네트워크. 생태계는 여러 종의 생물들이 서로 상호작용하며 에너지와 물질을 교환하는 생태적 단위를 말합니다.

3. 실생활에서 생물을 활용하는 분야는 다음 중 어느 것인가?
a) 정보통신 기술
b) 교통 및 운송
c) 의학 및 약학
d) 건축 및 건설

해설: c) 의학 및 약학. 생물은 의학 및 약학 분야에서 약물 개발, 질병 치료, 백신 생산 등에 활용됩니다.

4. 다음 중 생물 상호작용을 그림으로 나타낸 것은?

   a) 사막에서 식물이 물을 흡수하는 모습

   b) 동물들이 서로를 먹고 사는 모습

   c) 해양 생물들이 미세조류를 먹는 모습

   d) 모두의 정답

   해설: b) 동물들이 서로를 먹고 사는 모습. 동물 간의 포식 관계는 생물 상호작용의 한 예입니다.

5. 생물 활용에 대한 다음 설명 중 옳지 않은 것은?

   a) 식물은 산소를 생산하는 역할을 한다.

   b) 해양 생물은 식품 자원으로 활용된다.

   c) 생물은 환경 오염을 유발한다.

   d) 생물은 의학 분야에서 약물 개발에 사용된다.

   해설: c) 생물은 환경 오염을 유발한다. 생물은 오히려 환경 보호와 생태계 유지에 기여하며, 환경 오염의 주된 원인은 인간 활동입니다.

Q3 서술형 문제 3가지를 해설과 함께 제시해 줘.

A3 서술형 문제:

1. 생물의 중요성에 대해 서술해 보세요.

   해설: 생물은 우리 생활에 매우 중요한 역할을 합니다. 우선, 생물은 식품 생산과 산소 생산에 기여합니다. 작물과 식물은 우리가 먹는 음식을 제공하고, 광합성을 통해 산소를 생산합니다. 또한, 생물은 약물 개발과 건강 유지에도 중요한 역할을 합니다. 다양한 생물들은 의학 분야에서 약물 개발에 활용되며, 생물의 다양한 기능과 성분은 우리의 건강을 지원합니다. 게다가, 생물은 환경 보호와 생태계 유지에도 중요합니다. 생물들은 생태계 안에서 서로 의존하고 상호작용하며, 생태계의 균형을 유지하는 데 큰 역할을 합니다. 따라서, 생물의 중요성은 우리의 식품 공급, 산소 생산, 약물 개발, 환경 보호 등 다양한 측면에서 확인할 수 있습니다.

2. 생태계의 개념을 설명해 주세요.

   해설: 생태계는 생물들이 서로 상호작용하며 존재하는 생태적 단위입니다. 이는 생물들 사이에서 에너지와 물질이 교환

되는 네트워크로 구성됩니다. 생태계는 다양한 생물 종들로 구성되며, 이들은 서로의 생존과 번식을 위해 서로 작용합니다. 생물들은 식물, 동물, 미생물 등 다양한 종류가 포함될 수 있습니다. 생태계는 생물의 다양성과 생태적 상호작용을 통해 균형을 유지하며, 생태계 내의 변화는 생물들에게 직간접적인 영향을 미칠 수 있습니다. 따라서, 생태계를 이해하는 것은 우리가 자연과 생물의 상호작용을 이해하고 보호하기 위해 중요합니다.

3. 생물 활용의 예시를 들어 주세요.

해설: 생물은 다양한 분야에서 활용될 수 있습니다. 예를 들어, 의학 분야에서는 생물을 활용하여 약물을 개발하고 질병을 치료하는 데 사용됩니다. 생물의 다양한 성분과 기능은 약물 개발에 큰 도움을 줍니다. 또한, 생물은 식품 자원으로 활용됩니다. 작물과 식물은 우리가 먹는 음식을 생산하며, 해양 생물들은 해산물로서 많이 이용됩니다. 농업, 어업 및 식품 산업은 생물의 활용의 한 예입니다. 또한, 생물은 환경 보호에도 활용됩니다. 생물 다양성의 유지와 생태계 보호는 환경을 지속 가능한 상태로 유지하는 데 중요한 역할을 합니다. 생물을 이용한 자연 복원 프로젝트와 생태계 보호 활동은 환경 보전의 핵심입니다. 이러한 예시들을 통해 생물이

우리의 생활과 자연 환경에 어떻게 활용되고 있는지 알 수 있습니다.

Q4 생물의 중요성에 대해 10분간 설명하기 위한 내용을 작성해줘.

A4 생물의 중요성에 대한 10분 강의 내용:

안녕하세요, 여러분. 오늘은 생물의 중요성에 대해 알아보겠습니다. 생물은 우리의 생활에 미치는 영향이 얼마나 큰지, 그 중요성을 함께 살펴보도록 하겠습니다.

첫째로, 생물은 우리에게 음식을 제공합니다. 작물과 식물은 우리가 먹는 음식을 생산하는 주요 원천입니다. 우리가 채소, 과일, 곡물 등을 섭취하는 것은 생물들이 자라고 번식함으로써 가능한 것입니다. 생물의 다양성이 음식 공급에 큰 영향을 미치며, 우리의 건강과 생존에 핵심적인 역할을 합니다.

둘째로, 생물은 산소 생산에 중요한 역할을 합니다. 식물들은 광합성을 통해 태양 에너지를 흡수하고 이를 이용해 이산화

탄소를 흡수하고 산소를 생산합니다. 식물이 생산하는 산소는 우리가 숨 쉬는 데 필수적입니다. 생물들이 생산하는 산소 없이는 지구상에서 살아가는 것이 어렵습니다.

셋째로, 생물은 의학과 약물 개발에 핵심적인 역할을 합니다. 의학 분야에서는 생물을 활용하여 질병을 치료하고 약물을 개발하는 데 사용됩니다. 생물의 다양한 성분과 기능은 우리의 건강을 지원하고 질병 예방에 도움을 줍니다. 생물을 연구하여 새로운 치료 방법을 개발하고, 약물 효능을 발견하는데 많은 기여를 하고 있습니다.

마지막으로, 생물은 환경 보호와 생태계 유지에 필수적입니다. 생물들은 서로에게 의존하고 상호작용하며, 생태계의 균형을 유지하는 역할을 합니다. 생물의 다양성을 유지하고 생태계를 보호하는 것은 환경을 지속 가능한 상태로 유지하는데 중요한 요소입니다. 생물들은 환경 오염, 기후 변화, 생태계 파괴 등에 대한 저항력을 가지고 있어 우리의 지구를 지키는 데 도움을 줍니다.

이렇게 생물은 우리의 식품 공급, 산소 생산, 의학과 약물 개발, 환경 보호 등 다양한 측면에서 중요한 역할을 합니다. 생물의 다양성과 생태계의 균형은 우리의 생활과 지구의 미래에 영향을 미치는 중요한 요소입니다. 우리는 생물에 대한 이해와 보호의식을 키우며, 생물과 우리의 상호작용이 지속 가능한 방향으로 이루어지도록 노력해야 합니다.

감사합니다.

Q5 토론 질문의 예시를 해설과 함께 제시해 줘.

A5 토론 질문의 예시와 함께 간단한 해설을 제시해 드리겠습니다.

1. 생물의 다양성을 유지하는 것이 왜 중요한가요? 우리의 삶과 지구에 어떤 영향을 미칠까요?

    해설: 생물의 다양성은 생태계의 균형과 안정성을 유지하는 데 중요한 역할을 합니다. 다양한 생물 종들은 서로에게 의존하고 상호작용하며, 생태계의 생산성과 안정성을 유지합니다. 생물 다양성의 감소는 생태계의 파괴와 균형의 깨짐을 초래할 수 있으며, 이는 식량 공급, 생태적 서비스, 생태계 기능 등 우리의 삶과 지구 생태계에 부정적인 영향을 미칠 수 있습니다.

2. 생물 자원을 적절히 활용하는 방법에는 어떤 것들이 있을까
    요? 활용과 보존 사이에는 어떤 균형이 필요할까요?

    해설: 생물 자원을 적절히 활용하기 위해서는 지속 가능한
    자원 관리와 보전이 필요합니다. 이를 위해 다양한 접근 방
    법이 있습니다. 예를 들어, 지속 가능한 농업과 어업 관행을
    도입하여 자원의 과다한 소모를 방지하고 생물 다양성을 보
    존할 수 있습니다. 또한, 환경 친화적인 방식으로 에너지를
    생산하고 생산 과정에서 생물 다양성을 고려할 수 있습니다.
    활용과 보존 사이에는 균형이 필요하며, 경제적인 이익과 생
    태계 보전을 동시에 고려하는 지속 가능한 관리 방침을 채택
    해야 합니다.

3. 생물이 환경에 미치는 영향과 환경이 생물에 미치는 영향은
    어떻게 상호작용하나요? 이 상호작용이 지속 가능한 환경을
    위해 어떻게 고려되어야 할까요?

    해설: 생물과 환경은 밀접한 상호작용 관계에 있습니다. 생
    물은 환경 요인에 의해 영향을 받고, 환경은 생물에게 영향
    을 미칩니다. 생물은 환경 요소를 이용하여 생존하고 번식하
    며, 동시에 생물은 환경을 조절하고 변화시킵니다. 이러한 상
    호작용이 지속 가능한 환경을 위해 고려되어야 합니다. 우리

는 생물이 환경에 미치는 영향과 생물의 필요에 따라 환경을 보호하고, 환경 변화에 대한 조치를 취하여 생물의 생태계를 지원해야 합니다. 또한, 생물 다양성의 유지와 생태계 보호는 지속 가능한 환경을 위한 중요한 요소입니다.

수많은 데이터 속
교수와 학생의 길잡이가 된 챗GPT

앞으로 인공지능 프로그램들은 대학교육에도 영향을 미치게 될 것이다. 그렇다면 챗GPT 시대에 대학교육은 어떤 방향으로 진행될까? 첫째, 초중고 교육과정과 마찬가지로 대학교육에서도 개인 맞춤형 학습을 제공할 수 있게 될 것이다. 사실 미국은 대학에서 개인 맞춤형 학습 기회를 제공함으로써 학생들이 수업에서 배워야 할 내용을 완전히 학습할 수 있도록 지원하기 위한 다양한 시도들이 계속되어 왔다.

먼저 애리조나 주립대학교의 경우에는 너무 많은 재학생들이 대학수학 수업에서 낙제 점수를 받는 현상이 이어졌다. 그러자 블룸 박사의 6단계 학습 분류를 기준으로 계속되자 2011년에 개인 맞춤형 학습 프로그램을 개발해 적용했다. 이 프로그램을 통해 학생별 수업 이해도에 따라 각 수준에 맞는 학습 콘텐츠가 제공되었다. 학생들이 교실 수업에 참여하기 전에 집에서 미리 이해하고 암기해야 하는 수업 내용을 완전히 학습한 후에 교실 수업에 참여할 수 있도록 구성했다. 또한, 개인 맞춤형 학습 과정 중에는 학생들의 수업 내용에 대한 이해도에 따라 학습 자료나 동영상 강의 등을 제공해 수준별 학습을 진행하기도 했다. 그리고 지식점검퀴즈 같은 평가도구를 활용해 100점 만점 중 90점 이상의 점수를 맞은 후에 교실 수업에 참여하도록 했다.

일정 수준 이상의 지식을 쌓아야만 다음 단계의 학습을 진행할 수 있도록 함으로써 재학생들의 대학수학 수업 이수율을 향상시킬 수 있었다. 게다가 교실 수업도 교사가 일방적으로 지식을 전달하는 기존의 방식을 지양하고 액티브 러닝 방식을 적용해 학생들이 수업 전에 완전학습한 내용을 꺼내서 자유롭게 실생활에서 활용할 수 있도록 교실 수업을 전면 개편했다. 이런 성과에 힘입어 애리조나 주립대학교는 이후 생물, 화학, 물리, 경제, 심리, 철학 등 다양한 수업을 확대해 개인 맞춤형 학습을 제공했다.

애리조나 주립대학교의 성공적인 사례를 시작으로 웨스턴 거버너스 대학이나 아이비 테크 커뮤니티 칼리지, 발렌시아 칼리지, 브로워드 칼리지, 오스틴 커뮤니티 칼리지 등의 대학에서도 학생들에게 개인 맞춤형 학습을 제공하며 수업에서 배워야 할 내용을 완전히 학습한 경우에만 다음 단계로 넘어가는 방식을 도입해 운영하고 있다.

하지만 기존 대학에서 사용되던 개인 맞춤형 학습 프로그램은 교수자의 시각에서 미리 예측된 범위 내에서만 학습 경로가 준비될 수 있다는 한계가 있다. 다시 말해, 교수자가 미처 예상하지 못한 범주에서 학습 지도가 필요한 학생들은 완전학습에 도달하기 어려울 수 있다는 것이다. 그러나 인공지능 프로그램이 제공하는 개인 맞춤형 학습은 학생들이 저마다 자신이 학습하고자 하는 방향에 맞출 수 있다. 어떤 경로든 새로운 과정을 만들고 그에 따라 학습할 수 있기 때문에 완전학습에 도달할 가능성이 높고 완전히 새로운 학습경험을 제공할 수 있을 것이다.

둘째, 학생들이 학문적인 호기심을 확장하고 다양한 방식으로 인공지능 연구 협업 파트너의 역할을 수행할 수 있다. 연구 프로젝트를 진행함에 있어서 자료를 제공할 뿐만 아니라 긴 논문의 요약 정리, 연구 아이디어의 도출, 논문 작성에 대한 피드백, 연구 주제에 대한 토론 아이디어 등을 제공해 줄 수 있다. 예를 들어, 신문방송학을 전공하는 대학 3학년생이 '뉴미디어가 현대인의 구매 패턴에 미치는 영향'에 대한 소논문을 작성하는 경우를 생각해 보자. 인공지능 프로그램을 활용하면 소셜미디어, 온라인 리뷰, 인플루언서 마케팅, 모바일 쇼핑, 가상현실(VR) 및 증강현실(AR)과 소비자와의 구매 패턴 등 연구 주제에 대한 다양한 아이디어를 얻을 수 있다. 만약 챗GPT를 이용했을 때, 챗GPT가 제시한 연구 주제들 말고 다른 주제들을 더 확인하고 싶다면 스크린 하단에 있는 답변재생성(Regenerate Response) 버튼을 누르면 된다. 그러면 새로운 연구 주제들을 계속해서 제시할 것이다.

한편 인공지능이 제시한 연구 주제 중에 인플루언서 마케팅과 구매 패턴 연구에 관심이 있는 경우에는 그 주제에 대한 기존 연구 문헌 리스트를 정리해서 제시해 달라고 요청하면 인공지능 프로그램이 참고 문헌 리스트를 작성해서 제시해 준다. 이때도 마찬가지로 다른 연구 문헌 리스트를 더 확인하고 싶다면 스크린 하단에 있는 답변재생성 버튼을 눌러서 챗GPT와 같은 생성형 인공지능 프로그램이 새롭게 제시하는 논문 리스트들을 계속해서 확인할 수 있다.

또한 기존 연구 문헌 중 영어로 작성된 10페이지짜리 논문이 있을 경우, 생성형 인공지능 프로그램에 내용 요약을 요청하면 인공지능 프로그램이 한글로 짧게 요약해서 영어 논문의 내용을 한눈에 파악할 수 있도록 도와준다. 게다가 이런 과정을 거치며 학생이 작성할 소논문 연구 주제를 정해서 챗GPT와 같은 생성형 인공지능 프로그램에 피드백을 요청하면 해당 연구 주제로 소논문 작성 시 참고할 만한 피드백을 제시해 줄 수 있다.

셋째, 24시간 활용 가능한 인공지능 조교 역할을 수행할 수 있다. 늦은 밤 열심히 집중하며 공부를 하다가 갑자기 이해되지 않는 부분이 발생하면 진도도 안 나가고 공부하고자 하는 의지도 수그러들기 마련이다. 교수님이나 조교 선생님께 이메일을 보내도 다음 날이나 되어야 답변을 얻을 수 있어 답답한 순간에 인공지능 프로그램이 도움될 수 있다. 인공지능 프로그램은 언제든 궁금한 내용에 대해 답변을 제시해 주고 학생들이 학습동기를 계속 유지하며 학문적인 지식의 확장과 이해를 강화시켜 갈 수 있도록 지원할 수 있다.

넷째, 초중고 과정과 마찬가지로 대학교육에서도 교수들이 새로운 학습법을 적용하고자 할 때 도움이 된다. 액티브 러닝, 하이브리드 러닝(Hybrid Learning), 마이크로 러닝(Micro Learning) 등 다양한 학습법에 걸맞는 강의계획서 초안을 작성해 줄 수 있으며 시험 문제 출제나 평가 방식 등을 제안할 수 있다. 또한, 챗GPT와 같은 생성형 인공지능 프로그램은 기존 강의계획서나 강의안, 또는 시험 문제 등에 대한 피드백도 제공함으로써 교수들이 기존의 강의나 평가에 대해 개선해 가는 과정을 도울 수도 있다.

마지막으로 학생들이 제출한 리서치 페이퍼를 채점하고 건설적인 피드백을 제공할 수 있다. 이를 위해서는 인공지능 프로그램에 정확한 채점 기준이 담긴 채점기준표를 함께 입력하고 채점 점수와 함께 건설적인 피드백을 제공해 달라는 요청을 해야 한다. 예를 들어, 학생들이 제출한 요약 보고서에 대해 평가한다고 생각해 보자. 평가 기준을 요약의 정확성(5점), 구조와 흐름(5점), 핵심 아이디어 포착(5점), 문체와 표현(5점), 요약의 완결성(5점) 등 5가지 항목으로 나눠 25점 만점으로 채점한다면 채점기준과 배점을 인공지능 프로그램에 입력해야 한다. 이후 채점 점수와 함께 건설적인 피드백을 요청하면 된다. 많은 학생이 수강하는 대형강의를 진행하더라도 채점 시간을 상당히 줄일 수 있다. 물론, 인공지능 프로그램들이 제시한 점수와 피드백 내용을 학생들에게 보내기 전에 교수가 반드시 재검토해야 하지만 그럼에도 불구하고 채점 시간을 줄일 수 있을 뿐만 아니라 학생별로 건설적인 피드백을 전하는 데 도움이 된다.

향후 더욱 다양한 서비스가 가능한 생성형 인공지능 프로그램들이 출시됨에 따라 대학교육에서 활용 가능한 인공지능의 영역은 지속적으로 확대될 전망이다. 하지만 우리가 꼭 잊지 말아야 할 한 가지가 있다. 인공지능 프로그램은 교수의 강의나 학생의 학습에 도움을 주는 보조 도구로만 활용해야 한다는 것이다. 또한, 챗GPT와 같은 생성형 인공지능 프로그램을 단순히 배척하기보다는 더 잘 가르치고 더 잘 배우기 위한 도구로 이용할 수 있도록 사용자의 역량을 개발하는 것이 중요하다.

대학 교육에서의 챗GPT 활용 예시

대학 교육에서는 교수와 학생 모두 챗GPT를 자신의 개인 조교처럼 사용할 수 있다. 새로운 연구 주제를 개발할 때 아이디어 제공을 요청하거나, 확인해야 하는 논문과 데이터가 많은 경우 이를 요약 정리해 달라고 요구할 수 있다. 특히 교수가 학생들의 리서치 페이퍼를 평가할 때, 챗GPT에게 해당 페이퍼와 평가 기준을 입력하면 평가하는 시간을 단축시킬 수 있다.

Q1 뉴미디어가 현대인의 구매 패턴에 미치는 영향에 대한 연구 주제는 어떤 것들이 있을까?

A1 뉴미디어가 현대인의 구매 패턴에 미치는 영향에 대한 연구 주제는 다양한 방향으로 탐구될 수 있습니다. 아래는 몇 가지 예시 주제입니다.

1) 소셜미디어와 구매 패턴: 소셜미디어 플랫폼의 사용이 소비자의 구매 결정에 미치는 영향을 조사합니다. 예를 들어, 소셜미디어에서 상품 브랜드에 대한 소비자의 평가나 추천이 어떻게 구매 패턴에 영향을 미치는지 분석합니다.

2) 온라인 리뷰와 구매 패턴: 온라인 리뷰 플랫폼이 소비자의 구매 행동에 미치는 영향을 조사합니다. 소비자는 다른 사람들의 제품 리뷰를 통해 구매 결정을 내리는 경우가 많은데, 이러한 온라인 리뷰의 영향력과 구매 패턴 간의 관계를 연구합니다.

3) 인플루언서 마케팅과 구매 패턴: 인플루언서 마케팅이 소비자의 구매 행동에 미치는 영향을 조사합니다. 인플루언서의 영상이나 게시물을 통해 제품이나 브랜드에 대한 정보를 전달하는데, 이러한 영향력이 소비자의 구매 판단과 구매 패턴

에 어떤 영향을 미치는지 분석합니다.

4) 모바일 쇼핑과 구매 패턴: 스마트폰과 태블릿과 같은 모바일 기기를 통해 이루어지는 쇼핑 동향과 구매 패턴을 조사합니다. 모바일 기기를 통한 온라인 쇼핑의 편리성과 접근성이 소비자의 구매 행동에 어떤 영향을 미치는지 연구합니다.

5) 가상현실(VR) 및 증강현실(AR)과 구매 패턴: 가상현실이나 증강현실과 같은 신기술이 소비자의 구매 경험에 미치는 영향을 조사합니다. 이러한 기술을 통해 제품을 체험하거나 가상으로 시뮬레이션하는 등의 구매 환경이 소비자의 구매 판단에 어떤 영향을 미치는지 분석합니다.

이러한 주제들은 뉴미디어가 현대인의 구매 패턴에 미치는 영향을 다양한 관점에서 연구하는 데 도움이 될 수 있습니다. 연구의 범위와 목적에 따라 세부 주제를 좀 더 구체화하고 조정할 수 있습니다.

Q2 인플루언서 마케팅에 대한 기존 연구 문헌 리스트 좀 정리해 줘.

A2 아래는 인플루언서 마케팅에 대한 기존 연구 문헌 중 일부입니다. 이는 참고할 수 있는 몇 가지 주요 연구들의 예시입니다.

1) Cho, H., Rivera, M. A., & Lim, J. Y. (2019), 〈인플루언서 마케팅에서 유사 사회적(Parasocial) 상호작용의 역할: 유사 사회적 상호작용, 정보원 신뢰성, 제품 추천인 유형이 구매 의도에 미치는 영향 탐색〉, Journal of Interactive Advertising, 19(2), 85-98.

2) Goyal, A., Singh, T., & Singh, R. (2021), 〈인플루언서 마케팅이 소비자 행동에 미치는 영향: 실증적 연구〉, Journal of Indian Business Research, 13(2), 262-284.

3) Hanna, R., Rohm, A., & Crittenden, V. L. (2011), 〈우리는 모두 연결되어 있다: 소셜 미디어 생태계의 힘〉, Business Horizons, 54(3), 265-273.

4) Hsu, C. L., Lin, J. C. C., & Chiang, H. S. (2013), 〈블로거의 추천이 고객의 온라인 쇼핑 의도에 미치는 영향〉, Internet Research, 23(1), 69-88.

5) Kim, A. J., & Ko, E. (2012), 〈소셜 미디어 마케팅 활동이 고객 자산을 증진시키는가? 고급 패션 브랜드에 대한 실증적 연구〉, Journal of Business Research, 65(10), 1480-1486.

6) Lee, S., & Youn, S. (2009), 〈온라인 구전 마케팅(eWOM)이 고객의 구매 의도와 지각된 신뢰에 미치는 영향〉, Journal of Retailing and Consumer Services, 16(2009), 516-526.

7) Li, X., & Wang, D. (2020), 〈소셜 미디어 인플루언서가 고급 제품 구매 의도에 미치는 영향에 대한 이해〉, Young Con-

sumers, 21(1), 68-84.

8) Lu, L. C., Chang, W. P., & Chang, H. H. (2014), 〈업체 후원받은 블로거의 제품 추천에 대한 소비자의 태도와 구매 의도: 후원 유형, 제품 유형 및 브랜드 인지도의 영향〉, Computers in Human Behavior, 34, 258-266.

9) Pérez-López, R., Alegre, J., & Díaz-Méndez, M. (2019), 〈소셜 미디어 인플루언서의 구매 의도와 고객 태도 매개 효과에 대한 영향〉, Journal of Retailing and Consumer Services, 51, 72-81.

10) Yao, M. Z., & Lin, C. W. (2020), 〈위챗(WeChat)을 이용한 사회적 설득과 쾌락적 쇼핑 가치가 소비자의 충동구매 행동에 미치는 영향〉, Internet Research, 30(6), 1791-1816.

이 연구들은 인플루언서 마케팅과 소비자 행동 간의 관계를 탐구하고, 인플루언서의 영향력, 소비자의 구매 의도, 소셜 미디어 플랫폼의 역할 등 다양한 측면을 다루고 있습니다. 이 문헌들은 인플루언서 마케팅에 대한 기존 연구에 대한 개략적인 개요를 제공할 수 있습니다. 추가적인 연구를 위해 해당 논문들을 참고하시기 바랍니다.

Q3 아래 논문 좀 요약해 줄래?
〈우리는 모두 연결되어 있다: 소셜 미디어 생태계의 힘
(We're all connected: The power of the social media eco-
system. Business Horizons)〉
Author links open overly panel Richard Hanna, Andrew
Rohm, a.Victoria L. Crittenden b.

A3 해당 논문인 〈우리는 모두 연결되어 있다: 소셜 미디어 생
태계의 힘(We're all connected: The power of the social
media ecosystem)〉은 온라인 소셜 미디어를 이해하고 개념
화하기 위한 체계적인 방법을 제시하며, 이를 기업의 마케팅
커뮤니케이션 전략에 통합하는 전략적 통찰과 교훈을 제시
합니다.

논문은 소비자가 기업 및 브랜드와 함께 마케팅 콘텐츠를 공
동으로 창작하는 데 점점 더 적극적인 역할을 맡고 있다는
점을 강조합니다. 이에 따라 기업들은 소비자가 온라인에서
살아가는 곳에 접근하기 위해 온라인 소셜 마케팅 프로그램
과 캠페인에 주목하고 있습니다. 그러나 많은 기업들은 소셜
미디어에 적극적으로 참여해야 한다는 필요성을 인지하지만
효과적인 방법, 측정해야 할 성과 지표, 그리고 그 측정 방법
을 실제로 이해하지 못하는 문제를 직면하고 있습니다. 더구

나 기업들이 소셜 미디어 전략을 개발할 때 YouTube, Face-book, Twitter와 같은 플랫폼들을 종합적인 시스템의 일부로 다루지 않고 독립된 요소로 취급하는 경향이 있습니다.

이 논문은 디지털 및 전통 미디어를 포함한 관련 요소의 생태계로서의 온라인 소셜 미디어를 이해하고 개념화하는 체계적인 방법을 제시합니다. 또한, 젊은 소비자 중요 대상층에 소셜 미디어를 활용하여 성공적인 노력을 기울인 조직의 사례 연구를 소개하고, 기업의 마케팅 커뮤니케이션 전략에 소셜 미디어를 전략적으로 통합하기 위한 몇 가지 통찰과 교훈을 도출합니다.

이 논문에서는 소셜 미디어의 역할, 온라인 플랫폼의 중요성, 소비자의 영향력, 소셜 미디어 마케팅 생태계의 개념 등에 대해 다루고 있습니다. 이를 통해 기업들은 소셜 미디어를 마케팅, 광고, 프로모션에 활용하여 영향력을 행사할 수 있는 플랫폼으로 인식하게 되었으며, 다양한 산업의 다양한 규모의 기업들이 소셜 미디어 마케팅을 마케팅 전략의 중요한 요소로 인식하고 있습니다.

Q4 아래 연구 주제에 대해 피드백을 줄 수 있어?
인플루언서의 제품에 대한 리뷰(긍정적, 부정적)가 소비자의
제품구매 행동에 미치는 인지적 영향력에 대한 연구

A4 이 연구 주제는 인플루언서의 제품 리뷰가 소비자의 제품 구
매 행동에 미치는 인지적 영향력을 조사하는 것입니다. 이는
소비자들이 인플루언서의 리뷰를 어떻게 인식하고 그에 따
라 구매 결정을 하는지를 이해하는 데 중요한 주제입니다.
몇 가지 피드백은 다음과 같습니다.

1) 명확한 목표 설정: 연구에서 명확한 목표를 설정하는 것이
중요합니다. 예를 들어, 인플루언서 리뷰가 소비자의 제품 인
식, 인지적 태도, 구매 의도 등에 어떤 영향을 미치는지 알아
볼 수 있습니다.
2) 리뷰의 긍정적, 부정적 영향 분석: 연구에서는 인플루언서의
리뷰가 긍정적인 요소와 부정적인 요소에서 각각 어떤 영향
력을 가지는지를 분석하는 것이 중요합니다. 이는 소비자들
이 인플루언서의 리뷰를 어떻게 해석하고, 긍정적인 요소와
부정적인 요소가 소비자의 구매 의사 결정에 어떻게 영향을
미치는지를 이해하는 데 도움이 됩니다.
3) 인지적 영향력 측정: 연구에서는 인플루언서 리뷰의 인지적
영향력을 측정하는 방법을 고려해야 합니다. 이는 소비자의

제품 인식, 인지적 태도, 구매 의도 등을 측정하여 인플루언서의 리뷰가 이러한 변수들에 미치는 영향을 확인하는 것을 의미합니다.

4) 다양한 인플루언서 및 제품 고려: 연구에서는 다양한 유형의 인플루언서와 다양한 종류의 제품을 고려하는 것이 중요합니다. 인플루언서의 특성과 제품의 특성은 소비자의 리뷰 인식과 구매 행동에 영향을 미칠 수 있으므로 이러한 변수들을 고려해야 합니다.

5) 방법론 선택: 연구에서는 적합한 방법론을 선택하여 연구를 진행해야 합니다. 예를 들어, 설문조사, 실험, 혹은 콘텐츠 분석 등의 방법을 활용하여 연구를 수행할 수 있습니다.

이러한 피드백을 고려하여 연구 주제를 구체화하고, 연구 방법을 설계하면 소비자의 인지적 영향력에 대한 인플루언서 리뷰의 영향을 탐구하는 의미 있는 연구를 수행할 수 있을 것입니다.

② 교수자의 학습자 보고서 평가 활용

기준	매우 저조(1점)	저조(2점)	보통(3점)	우수(4점)	매우 우수(5점)
요약 정확성	케이스 스터디의 핵심 내용을 이해하지 못하고 요약이 부족함	케이스 스터디의 핵심 내용을 부분적으로 이해하고 요약함	케이스 스터디의 핵심 내용을 대부분 정확하게 이해하고 요약함	케이스 스터디의 핵심 내용을 정확하게 이해하고 요약함	케이스 스터디의 핵심 내용을 완벽하게 이해하고 정확하게 요약함
구조와 흐름	구조가 형성되지 않고 문장과 단락이 불연속적이며 흐름이 형성되지 않음	구조적인 결함이 많이 있으며 문장과 단락 간의 논리적인 흐름이 부족함	일부 구조적인 결함이 있으며 문장과 단락 간의 연결이 부족함	명확한 구조를 가지며 문장과 단락이 대체로 논리적으로 연결됨	명확하고 체계적인 구조를 가지며 문장과 단락이 논리적으로 연결됨
핵심 아이디어 포착	주요 아이디어와 핵심 개념을 이해하지 못함	주요 아이디어와 핵심 개념을 부분적으로 이해하지 못함	일부 주요 아이디어와 핵심 개념을 놓침	주요 아이디어와 핵심 개념을 대부분 포착함	케이스 스터디에서 제시된 주요 아이디어와 핵심 개념을 정확하게 포착함
문체와 표현	문장 구조와 문법적인 결함이 심하며 문체가 혼란스러움	문장 구조와 문법적인 결함이 많이 있으며 문체가 혼란스러움	일부 문장 구조와 문법적인 결함이 있으며 문체가 다소 혼란스러움	대체로 문장 구조와 문법적인 정확성이 있으며 명확한 문체를 사용함	문장 구조와 문법적인 정확성이 뛰어나고 읽기 쉬운 문체를 사용함
요약의 완결성	요약이 케이스 스터디의 내용을 제대로 반영하지 못함	요약이 필수적인 내용을 부족하게 반영함	일부 필수적인 내용을 빠뜨리거나 불충분하게 반영함	요약이 대부분의 내용을 충실히 반영함	요약이 케이스 스터디의 전반적인 내용을 완벽하게 반영함

케이스 스터디 요약보고서 채점 기준표 예시

Q1 지금 제시한 케이스 스터디 요약 보고서 채점 기준표를 이용해서 학생들이 제출한 보고서들의 점수와 건설적인 피드백을 제공해 줘.

기준: 매우 저조(1점), 저조(2점), 보통(3점), 우수(4점), 매우 우수(5점)

요약 정확성: 케이스 스터디의 핵심 내용을 이해하지 못하고 요약이 부족함, 케이스 스터디의 핵심 내용을 부분적으로 이해하고 요약함, 케이스 스터디의 핵심 내용을 대부분 정확하게 이해하고 요약함, 케이스 스터디의 핵심 내용을 정확하게 이해하고 요약함, 케이스 스터디의 핵심 내용을 완벽하게 이해하고 정확하게 요약함

구조와 흐름: 구조가 형성되지 않고 문장과 단락이 불연속적이며 흐름이 형성되지 않음, 구조적인 결함이 많이 있으며 문장과 단락 간의 논리적인 흐름이 부족함, 일부 구조적인 결함이 있으며 문장과 단락 간의 연결이 부족함, 명확한 구조를 가지며 문장과 단락이 대체로 논리적으로 연결됨, 명확하고 체계적인 구조를 가지며 문장과 단락이 논리적으로 연결됨

핵심 아이디어 포착: 주요 아이디어와 핵심 개념을 이해하지 못함, 주요 아이디어와 핵심 개념을 부분적으로 이해하지 못함, 일부 주요 아이디어와 핵심 개념을 놓침, 주요 아이디어

와 핵심 개념을 대부분 포착함, 케이스 스터디에서 제시된 주요 아이디어와 핵심 개념을 정확하게 포착함

문체와 표현: 문장 구조와 문법적인 결함이 심하며 문체가 혼란스러움, 문장 구조와 문법적인 결함이 많이 있으며 문체가 혼란스러움, 일부 문장 구조와 문법적인 결함이 있으며 문체가 다소 혼란스러움, 대체로 문장 구조와 문법적인 정확성이 있으며 명확한 문체를 사용함, 문장 구조와 문법적인 정확성이 뛰어나고 읽기 쉬운 문체를 사용함

요약의 완결성: 요약이 케이스 스터디의 내용을 제대로 반영하지 못함, 요약이 필수적인 내용을 부족하게 반영함, 일부 필수적인 내용을 빠뜨리거나 불충분하게 반영함, 요약이 대부분의 내용을 충실히 반영함, 요약이 케이스 스터디의 전반적인 내용을 완벽하게 반영함

연구실 그룹 13: Aaron Lin, Cato Zhong, Justin Zhang
2023년 2월 20일
수학 소프트웨어-사례 연구

조직이 직면한 문제는 무엇인가요?
조직은 각 학군에서 어떤 소프트웨어를 구매할 것인지에 대한 자원의 비효율적 할당 문제를 다루고 있으며, 종종 필요하지 않거나 맞춤화되지 않은 소프트웨어를 구매합니다. 구

체적으로 K-12 교육 전체에서 매년 수억 달러가 낭비되며, 이는 교육 학군 학교의 필요에 맞지 않는 수학 소프트웨어를 구매하는 데 사용됩니다.

수집된 데이터 개요를 고려하면, 어떤 문제가 해결될 수 있을까요?
수집된 데이터를 활용하면, 학군 내 학교의 필요와 능력에 맞는 적합한 소프트웨어를 선택하는 데 도움을 줄 수 있습니다. 학교 특성 및 성공·실패한 소프트웨어에 대한 조사 된 데이터를 활용하여 각 학교에 가장 적합한 소프트웨어를 예측할 수 있습니다.

해결책이 작동 중인지 어떻게 알 수 있을까요?
해결책이 작동 중임을 알 수 있는 방법은 각 학군의 매년 구매한 소프트웨어 수를 살펴보는 것입니다. 작동 중인 해결책은 각 학교에서 성공한 소프트웨어를 권장하므로, 여러 소프트웨어를 시도하기 위해 구매할 필요가 없어져야 합니다. 또한, 각 학군의 예상 지출은 같은 이유로 감소해야 합니다. 작동 중인 해결책은 학교가 처음부터 최적의 소프트웨어를 결정하는 데 도움이 되므로, 여러 소프트웨어에 낭비되는 자금이 줄어들어야 합니다.

목표 변수는 무엇이며, 개발중인 솔루션의 유형(회귀 또는 분류)은 무엇인가요?

목표 변수는 권장 소프트웨어입니다. 우리는 각 학교에 가장 잘 맞는 소프트웨어를 예측하려고 합니다. 개발 중인 솔루션은 분류이며, 변수가 이산적이기 때문입니다. 솔루션은 이산적인 소프트웨어 범주입니다.

데이터 수집은 얼마나 어려운가요?

데이터 수집은 그리 어렵지 않습니다. 수많은 학교에 전송된 중간 규모의 설문 조사일 뿐입니다. 모든 학군에 걸쳐 상당한 응답이 있었습니다.

데이터는 문제와 얼마나 일치하나요?

데이터는 문제와 완전히 일치하지 않을 수 있습니다. 데이터는 표준화되지 않았기 때문에 각 학군과 학교마다 '만족스러운 것'으로 간주되는 것이 다를 수 있습니다. 따라서 응답이 주관적일 때 학교 특성의 추세를 정의하는 것이 어려울 수 있습니다.

과거에 데이터는 성공적으로 사용되었나요?

데이터는 과거에 사용된 적이 없습니다. 비영리 단체는 정보 수집을 시작한 지 얼마 안 되었습니다.

목표를 측정하기 어렵거나 더 작은 부분으로 나눌 수 있나요?

목표는 소프트웨어의 식별 특징을 그룹화하여 쉽게 작은 부분으로 나눌 수 있습니다. 이를 통해 시스템은 어떤 범주의 소프트웨어가 학교에 가장 적합한지 더 잘 예측하고 그 소프트웨어를 권장할 수 있습니다.

어느 정도의 불확실성(위험)을 수용할 준비가 되어 있나요?

현재 문제가 이미 꽤 나쁜 상태이며, 무작위 소프트웨어 선택조차 크게 나빠지지 않을 정도로 위험 수준을 높일 수 있습니다. 게다가, 생명이 걸린 일이 아니라 이미 현재 상황에서 자원 할당이 나쁘다고 명시되어 있습니다.

A1 제공해 드린 보고서를 기준으로 다음 채점 기준표를 사용하여 점수와 피드백을 제공하겠습니다.

- 요약 정확성: 보통(3점)
  > 케이스 스터디의 핵심 내용을 대부분 정확하게 이해하고 요약했습니다. 그러나 일부 부족한 부분이 있을 수 있습니다.
- 구조와 흐름: 저조(2점)
  > 구조가 형성되지 않고 문장과 단락이 불연속적이며 흐름이 형성되지 않았습니다. 구조적인 결함이 많이 있으며 문장과

단락 간의 논리적인 흐름이 부족합니다.
- 핵심 아이디어 포착: 일부 주요 아이디어와 핵심 개념을 놓침(2점)
  > 일부 주요 아이디어와 핵심 개념을 놓쳤습니다.
- 문체와 표현: 문장 구조와 문법적인 결함이 많이 있으며 문체가 혼란스러움(2점)
  > 문장 구조와 문법적인 결함이 많이 있으며 문체가 혼란스럽습니다.
- 요약의 완결성: 요약이 대부분의 내용을 충실히 반영함(4점)
  > 요약이 대부분의 내용을 충실히 반영하고 있습니다.

총점: 13/25
피드백:

1. 구조와 흐름에 더 신경을 써야 합니다. 문장과 단락 간의 논리적인 흐름을 형성하고, 보고서의 구조를 명확하게 만들어야 합니다.
2. 핵심 아이디어를 포착하는 데 더 신경을 써야 합니다. 모든 주요 아이디어와 핵심 개념을 포착하도록 노력해야 합니다.
3. 문체와 표현을 개선해야 합니다. 문장 구조와 문법적인 정확성을 향상시키고, 명확하고 읽기 쉬운 문체를 사용해야 합니다.
4. 요약의 완결성은 비교적 잘 이루어졌으나, 더욱 상세하고 완

벽하게 내용을 반영하도록 노력해야 합니다.

보고서의 구조와 논리성, 핵심 아이디어 포착, 문체와 표현의
개선 등을 고려하여 보다 강력하고 의미 있는 보고서를 작성
할 수 있도록 노력해 주세요.

업무 능력을 향상시키는
챗GPT

챗GPT와 같은 생성형 인공지능 프로그램은 기업 및 직업 교육에도 영향을 미칠 전망이다. 물론, 기업 정보 유출 등 보안상의 이유로 회사 자체 생성형 인공지능 프로그램을 만들어 업무의 효율 향상이나 기업 내 교육 효과 강화를 위해 사용하는 기업도 있다. 하지만 이런 경우도 광의의 개념에서는 여전히 생성형 인공지능 프로그램을 기업 및 직업교육에서 사용하는 것으로 볼 수 있다. 챗GPT와 같은 생성형 인공지능 프로그램들을 기업 및 직업교육에서 활용하는 예는 여러 가지를 들 수 있다.

첫째, 직원들이 업무나 회사 규정 등에 대해 필요한 순간 바로 적시(Just-in-Time)에 답변을 제공할 수 있다는 것이다. 사실 대기업이나 중소기업 등 기업의 규모에 상관없이 신입 사원이 입사하면 오리엔테이션 프로그램을 통해 업무나 내

규 등에 관해 많은 양의 정보를 한번에 제공하는 경우가 많다. 그러다 보니 막상 실제 업무를 수행하다가 특정 정보가 필요한 경우에 적절한 정보를 바로 기억해 활용하기가 어려울 때가 있다. 이를 대비하여 인공지능 프로그램을 이용하면 직원들이 업무를 수행하면서 필요한 정보를 적절한 순간에 바로 찾아서 사용할 수 있다.

둘째, 시나리오나 상황별 학습을 통해 업무 효율을 향상시키기 위한 학습 효과를 강화할 수 있다. 예를 들어, 보험회사에서는 신입사원이 고객응대를 하며 발생할 수 있는 여러 상황을 대비한 연습을 할 수 있을 것이다. 예를 들어 챗GPT에게 보상지연에 대한 사례를 물어보면 챗GPT는 보험회사의 보상지연에 대한 다양한 사례를 제시해 신입사원이 여러 상황에 대해 미리 학습할 수 있게 돕는다. 또한 각 사례별 해결책에 대한 피드백을 문의하면 챗GPT는 신입사원이 작성한 해결책에 대한 피드백을 제공해 신입사원이 스스로 업무 능력을 개선해 나갈 수 있도록 도울 수 있다.

셋째, 기업 및 직업교육을 위한 학습 목표를 도출하고 수준별 교육 자료들을 만들어 개인 맞춤형 학습을 제공하는 데 도움을 줄 수 있다. 예를 들어, 직장 내 성희롱 방지를 위한 1시간 강의를 준비하는 경우, 챗GPT를 활용하면 학습 목표와 강의계획서 작성을 요청할 수 있다. 또한 교육을 처음 듣는 직원과 이미 교육을 여러 번 받아서 이해 수준이 높은 직원들 수준에 맞춰 수준별 콘텐츠를 제작할 때도 교육 계획에 맞는 자료를 제공받을 수 있다.

마지막으로, 직원들이 언제 어디서나 학습할 수 있는 대화형 모바일 학습 환경을 구축할 수 있다. 미국 투자회사 중 하나인 이머전스 캐피탈(Emergence Capital)이 2018년에 발표한 세계 산업동향 보고서에 따르면 전 세계 직업 중에 무려 80%나 책상 없이(Deskless) 일하는 일자리라고 한다. 따라서, 기업 및 직업교육을 계획하고 운영할 때 가장 중요한 고려사항은 직원들이 언제 어디서든 책상이 없는 상태에서도 편하게 학습할 수 있는 모바일 환경을 구축하는 것이다. 이에 더해 직원들이 생성형 인공지능 프로그램과 대화하며 원하는 정보를 얻거나 학습을 진행할 수 있기 때문에 더 친숙한 학습 환경을 제공할 수 있다는 장점이 있다.

기업 및 직업교육에서의 챗GPT 활용 예시

챗GPT의 학습 보조 기능은 교육기관에만 국한되지 않는다. 기업 및 직업교육에서 활용하게 된다면 직원들이 업무를 진행하면서 모르는 점이 생길 때마다 챗GPT에 물어볼 수 있기 때문에 업무 속도가 빨라질 수 있다. 게다가 인사 담당자들이 직원 교육과정을 개발해야 할 때 필요한 주제, 내용, 평가 방식 등에 대한 아이디어를 챗GPT가 제공하여 업무 효율이 높아질 수 있다.

Q1 보상지연에 대한 사례 3가지를 제시해 줘.

A1 아래에 보상지연에 대한 사례 3가지를 제시해 드리겠습니다.

1. 고객 B는 건강 보험에 가입한 후 응급실에서 치료를 받았습니다. 보험 청구를 제출했으나 보상이 예상보다 지연되었습니다. 원인은 보험사에서 청구서를 제대로 처리하지 않아서였습니다. 이로 인해 고객 B는 의료비를 선불로 지불해야 했으며, 보상지연으로 인해 금전적인 부담과 불편함을 겪었습니다. 해결책은 보험사가 신속히 청구서를 검토하고 문제를 해결하기 위해 필요한 조치를 취해야 합니다. 또한, 고객 B와의 원활한 의사소통을 유지하며 보상 처리 상황을 업데이트해야 합니다.

2. 고객 C는 홈 보험에 가입하고 홈 내부의 파이프 누수로 인한 수리를 요청했습니다. 보험 청구를 제출한 후 보상이 예상보다 오랜 시간이 걸렸습니다. 이에 대한 원인은 보험사에서 수리 견적을 확인하기 위해 추가 정보를 요청했지만, 해당 요청을 고객 C에게 알리지 않아 지연이 발생했습니다. 해결책은 보험사가 신속하게 추가 정보를 요청하고, 고객 C에

게 알림을 전달하여 필요한 문서를 제출받는 것입니다. 또한, 보상 처리 과정에 대한 업데이트를 제공하여 고객 C에게 신뢰와 만족감을 전달해야 합니다.

3. 고객 D는 여행 보험에 가입한 후 여행 중 사고로 인해 응급 치료를 받았습니다. 보험 청구를 제출했으나 보상에 상당한 지연이 발생했습니다. 이는 보험사에서 사고 조사를 진행하고 관련 문서를 검토하는 데 시간이 오래 걸렸기 때문이었습니다. 해결책은 보험사가 사고 조사를 신속하게 진행하고, 필요한 문서를 신속하게 검토하여 보상 처리를 지연 없이 완료해야 합니다. 또한, 보상 처리 상황에 대한 고객 D와의 정확하고 적시적인 의사소통을 유지하여 신뢰를 회복시켜야 합니다.

실제 상황은 개별적이며, 보상지연의 원인과 해결책은 상황에 따라 다를 수 있습니다. 중요한 것은 보험사가 보상지연에 대한 고객의 불편과 불만을 최소화하기 위해 신속하고 적극적으로 대응하는 것입니다.

② 직원 교육과정 개발 활용 예시

Q1 직장 내 성희롱 방지를 위한 1시간 강의를 준비하려고 하는
데 학습 목표를 도출하고 강의계획서를 작성해 줘.

A1 강의 주제: 직장 내 성희롱 방지

학습 목표:
직장 내 성희롱의 개념과 영향을 이해한다.
직장 내 성희롱의 유형과 예시를 파악한다.
직장 내 성희롱을 식별하고 신고할 수 있는 방법을 습득한다.
직장 내 성희롱 예방을 위한 조직적인 노력에 대해 이해한다.
직장 내 성희롱 피해자를 지원하고 피해를 예방하는 방법을
학습한다.

강의계획서:
 I. 개요
강의 소개 및 목표 설명
직장 내 성희롱의 정의와 중요성 강조
II. 직장 내 성희롱의 개념과 영향
성희롱의 정의와 법적 측면 설명
직장 내 성희롱이 조직과 개인에 미치는 영향 분석

강의 방식:

강의 중간에 사례 연구, 토론, 질의응답 등 인터랙티브한 요소 도입

강의 자료 및 관련 자료 제공

사례 연구 및 실제 상황을 통해 현실적인 이해 도모

참가자들의 경험 공유를 장려하고 실제 시나리오를 연습할 수 있는 시간 제공

참고: 이 강의계획서는 직장 내 성희롱에 대한 일반적인 내용을 다루고 있습니다. 직장의 특정 규정, 법적 요구사항 또는 조직 내 정책에 따라 내용을 수정해야 할 수도 있습니다.

Q2 이미 비슷한 교육을 받아서 이해 수준이 높은 직원과 처음 듣는 직원들의 수준에 맞춰 학습할 수 있도록 수준별 콘텐츠 제작 계획도 알려 줘.

A2 강의를 수준에 맞추어 학습할 수 있도록 수준별 콘텐츠 제작은 효과적인 학습 경험을 제공하기 위해 중요합니다. 다음은 수준별 콘텐츠 제작을 위한 계획입니다.

초급 수준(처음 듣는 직원들을 위한):

직장 내 성희롱의 기본 개념과 정의 설명

성희롱 예시와 식별 방법에 대한 구체적인 설명

성희롱 신고 절차와 지원 체계에 대한 간단한 안내

기본적인 성희롱 예방 원칙과 조직 문화에 대한 이해

중급 수준(이미 이해 수준이 높은 직원들을 위한):

직장 내 성희롱의 심화된 개념과 영향에 대한 심층적인 분석

다양한 성희롱 유형과 해당 예시에 대한 고급 수준의 토론

성희롱 신고와 조사 절차에 대한 자세한 안내 조직의 성희롱

예방 정책과 리더의 역할에 대한 더 깊은 이해

고급 수준(전문가 및 리더십 역할을 맡는 직원들을 위한):

직장 내 성희롱과 관련된 최신 동향과 사례 연구 분석

성희롱 신고와 조사 절차에 대한 심도 있는 훈련과 시뮬레이션

조직 내 성희롱 예방을 위한 전략적인 접근 방법과 프로그램

개발

리더십 역할에서의 성희롱 예방과 피해자 지원에 대한 심층

적인 토론

이러한 수준별 콘텐츠 제작은 참가자들이 자신의 수준과 경

험에 맞게 학습할 수 있도록 도움을 줄 것입니다. 필요에 따

라 각 수준에서 사용될 자료, 실습, 사례 연구 등을 조정하고, 토론 및 질의응답 세션을 통해 참가자들의 이해도를 확인하여 개별적인 지원이 가능하도록 합니다.

챗GPT 시대에 성공하기

누군가 내 업무를 대신해 주고 숙제를 해 주며 시험을 치르는 달콤한 상상, 누구나 한 번쯤은 해 본 경험이 있을 것이다. 시험이 다가오고 업무 마감 시간이 촉박해질수록 내 일을 대신해 줄 수 있는 존재에 대한 간절함은 더욱 커질 것이다. 챗GPT를 보았을 때 첫인상은 그동안의 바람처럼 내 업무를 대신할 지원군과 같았다. 읽는 것만 몇 시간 걸리는 긴 보고서를 몇 초 내에 한 페이지로 요약해 주고, 만드는 데 수일이 걸리던 발표 자료를 몇 분 안에 만들어 주며, 말만 하면 상상속의 이미지를 눈앞에 펼쳐 보여 주고 어려운 시험 문제들도 바로바로 정답을 알려 준다. 이 같은 챗GPT와 각종 인공지능 프로그램의 등장은 우리 삶을 편안하게 해 주는 지원 군이 여럿 생긴 것 같아 든든한 마음까지 들었다.

하지만 이런 달콤한 기대는 점차 수그러들고, 이내 암울한 걱정이 몰려오기 시작했다. 챗GPT와 같은 생성형 인공지능 프로그램들이 내 일을 전부 해 주면 나는 뭘 하지? 그럼 결국 내 일자리가 사라지는 거 아냐? 내가 하면 한참 걸릴 일들을 인공지능이 금방 할 수 있다면 지원군이 아니라 싸워서 이겨야 하는 경쟁자 아닌가? 이러다가 거꾸로 사람들이 오히려 인공지능을 위해 일하는 시대마저 오는 거 아닌지 등등 걱정과 우려는 꼬리를 물고 한없이 계속됐다.

그런데 우리가 잊지 말아야 하는 사실은 생성형 인공지능 프로그램은 나를 대신하는 존재가 아니라 일의 효율을 향상시키기 위한 보조 도구로서 개발됐다는 것이다. 챗GPT와 같은 생성형 인공지능 프로그램들은 사람이 가장 만족할 확률이 높은 답변을 골라 사용자가 대화가 가능하도록 오랜 시간 개발된 결과의 산물이라는 것이다. 다시 말해 내가 어떤 것을 원하고 필요한지를 정확히 잘 알고 인공지능 프로그램을 적극적으로 이용할 수 있어야 한다.

또한, 인공지능 프로그램이 제시하는 답변이나 결과물들

을 제대로 검토하고 판단할 수 있도록 그 분야에 대한 전문성을 갖춰야 한다. 챗GPT가 제시하는 1차 답변이나 결과물을 보고 내가 원하는 수준이나 결과에 맞는지 정확히 판단하고, 아닌 경우에는 자세한 추가 요청 사항을 입력하거나 답변재생성 버튼을 누르면 된다. 내가 원하는 답변이나 결과물이 도출될 때까지 챗GPT가 계속해서 새로운 작업을 수행하도록 해야 한다. 챗GPT가 제시하는 답변이나 결과물의 수준을 판단할 수 있는 능력을 보유하지 않은 상태에서는 인공지능이 만들어 내는 그럴싸한 거짓 정보에 속는 문제가 발생하기 때문이다.

이건 교육에 있어서도 마찬가지다. 학습의 주체는 바로 나 자신이라는 걸 잊지 말아야 한다. 아무리 옆에서 친구가 맛있게 밥을 잘 먹더라도 내가 밥을 먹지 않으면 결국 내 배고픔은 사라지지 않듯이, 아무리 챗GPT가 어려운 문제를 풀수 있다고 해도 결국 그것은 내가 아는 것이 아니다. 따라서 내가 스스로 완전학습해야 한다는 목적의식을 잊어선 안 된다. 그리고 그 목적을 달성하기 위해 챗GPT 같은 인공지능 프로그램들을 개인 맞춤형 학습을 제공하고 365일 24시간 답변해 주는 인공지능 교사로 잘 활용하는 능력을 기르는 것이 중요하다.

올해 대학교를 졸업하는 학생들의 경우 대학 전공과 상관없이 평생 평균적으로 5개의 분야에 걸쳐 17가지의 전혀 다른 일자리를 갖게 될 것이라는 전망이 나오는 시대다. 앞으로 우리가 살아갈 세상은 기술의 발달에 따른 직업의 변화에 의해서든, 각자 개인별 내재적인 의지 때문이든, 평생 동안 직업을 여러 번 바꾸며 살아가야 하는 일자리 노마드 시대가 될 것이다. 따라서 한 번 공부한 내용으로 한 직장에서 계속 일하지 않고 일평생 새로운 내용을 공부해야 할 수 있다. 평생학습의 시대에 성공하는 삶을 살기 위해서는 지적 호기심과 학습동기를 계속 유지하며 배우는 즐거움을 깨닫는 것이 중요하다.

특히 앞으로 기술이 더 발달해서 챗GPT와 같은 생성형 인공지능 프로그램이 단편적인 업무 수행만 가능한 수준을 넘어 인간의 두뇌에서 할 수 있는 모든 업무를 종합적으로 수행할 수 있는 범용인공지능(AGI: Artificial General Intelligence)의 시대가 도래할지도 모른다. 그렇다 하더라도 스스로 무엇을 좋아하고, 무엇을 잘하며, 어떤 사람인지 등 자신에 대해 잘 알고 확실히 자아정체성을 갖추는 것이 성공의 열쇠가 될 것이다. 기술의 발달을 쫓아가기만 하는 것이 아니라 발달된 기술을 나의 필요에 의해 적절히 잘 활용하는 사람이 성공할 수 있기 때문이다.

챗GPT를 필두로 생성형 인공지능을 통해 우리 눈앞에 펼쳐질 디지털 대변혁의 시대는 무한한 가능성의 시대가 될 것이다. 각 분야별 기술이 융복합되면서 기술의 발달 속도는 점차 가속이 붙게 되고 우리가 상상하는 모든 것들은 현실이 될 것이다. 생성형 인공지능과 협업하면서 인류가 해 오던 업무 시간은 크게 단축될 것이다. 미국의 경우 주 40시간 근무제가 1930년대 대공황 때부터 시작돼 90년이 넘게 유지되고 있는데 머지않아 주 30시간, 주 20시간 등 근무 시간은 계속해서 줄어들 전망이다. 단순 노동의 분야는 점차 로봇이 대체하게 되고 사람들의 업무는 창의력과 상상력을 발휘하는 분야가 주를 이루게 될 것이다.

그런데 창의력과 상상력은 누구나 각자 자신만의 역량을 갖고 태어난다. 창의력 전문가 켄 로빈슨경(Sir Ken Robin-son)에 따르면, 1992년 미국항공우주국(NASA)에서 조지 랜드(Geroge Land) 박사에게 연구를 의뢰해 당시 5세 아이 1600명을 무작위로 선발해 창의력 검사를 실시한 결과, 무려 98%가 창의력이 천재 수준으로 나타났다고 한다. 하지만 추적조사를 실시해 같은 아이들이 10살과 15살이 됐을 때 다시 동일한 창의력 검사를 진행한 결과, 각각 30%와 12%만 창의력이 천재 수준으로 나왔다고 한다. 다시 말해 거의 모든 학생들이 다 창의력이 천재 수준으로 태어나지만 초중고 과정을 거치면서 창의력이 평범한 수준으로 떨어졌다는 것이다. 바로 챗GPT와 같은 생성형 인공지능 시대에 학생중심 교육으로의 교육혁신이 반드시 이뤄져야 하는 이유 중 하나다.

또한 창의력, 상상력과 함께 디지털 대변혁의 시대에 성공하는 인재들에게 요구되는 역량은 다른 사람들과 공감하고 소통하며 협업하는 역량이다. 그런데 이와 같은 역량은 정해진 시간에 한정된 문제를 많이 맞춰야 다른 친구들보다 내 학점이 높아지고 등수가 올라가는 구조의 주입식, 암기식 교육환경에서는 학생들이 기존에 보유하고 있던 자신의 역량을 유지하는 것조차 어렵다. 학교에서 친구들과 소통하고 협업하며 학습하는 과정을 통해 적용하고 분석하고 평가하고 창조하는 상위레벨의 학습을 경험할 수 있는 학습 환경을 제도적으로 마련해야 한다.

그런 면에서 챗GPT와 같은 생성형 인공지능은 앞으로 미래를 위해 지금 어떤 준비를 해야 하는지 변화의 방향을 제시해 주고 있다. 때문에 우리에게 주어진 마지막일지 모를 이 기회를 반드시 잡아야 한다. 지금까지 150여 년이 넘는 시간 동안 비정상을 정상으로 여겨 왔다. 학습의 주인이어야 할 학생을 평가의 대상으로만 대하고 가장 존중받아야 할 개개인의 개성과 관심, 특성과 역량 등을 뒷전에 놓아 왔다. 따

라서 생성형 인공지능이 가져온 뉴노멀의 시대를 교육 정상
화의 발판으로 삼고 교육혁신을 이뤄가야 한다.

챗GPT 활용 AI 교육 대전환
학습자를 위한 챗GPT

초판 1쇄 발행 2023년 07월 26일

지은이 류태호
펴낸이 박영미
펴낸곳 포르체

책임편집 김성아
편집팀장 임혜원 **편집** 김다예
마케팅 김채원, 김현중
디자인 황규성

출판신고 2020년 7월 20일 제2020-000103호
전화 02-6083-0128 | **팩스** 02-6008-0126
이메일 porchetogo@gmail.com
포스트 https://m.post.naver.com/porche_book
인스타그램 www.instagram.com/porche_book

ⓒ 류태호(저작권자와 맺은 특약에 따라 검인을 생략합니다.)
ISBN 979-11-92730-66-0 (13370)

여러분의 소중한 원고를 보내주세요.
porchetogo@gmail.com